JÉRÔME SAINTE-MARIE

BLOC POPULAIRE

Une subversion électorale inachevée

LES ÉDITIONS DU CERF

www.editionsducerf.fr
24, rue des Tanneries
75013 Paris

ISBN : 978-2-204-14523-7

Prologue

EN CHEMINANT AVEC GRAMSCI

Le 8 novembre 1926, Antonio Gramsci est arrêté par la police italienne. Sa qualité de député aura moins compté que ses fonctions dirigeantes au sein d'un parti communiste réduit à la clandestinité par le pouvoir mussolinien. Dès lors et jusqu'à sa mort, le 27 avril 1937, il entame un long parcours pénitentiaire. Durant cette décennie il rédige ses *Quaderni*, ou *Cahiers de prison*, qu'il emplit de méditations et de constructions théoriques promises à renouveler la pensée politique. Sa prose est difficile, éparpillée, réflexive. Elle fait appel à des auteurs ou des événements oubliés et, ce qui n'est pas le moins, s'applique à tromper la censure de ses geôliers. Une telle élaboration rend sa lecture tributaire de passeurs, c'est-à-dire d'exégètes dont les préoccupations intellectuelles ainsi que parfois l'agenda politique varient selon l'époque, mais aussi la nature de leurs travaux ou de leurs ambitions.

Une étrange mésaventure est ainsi arrivée à Antonio Gramsci. Alors qu'il s'inspire de la pensée de Karl Marx, fondamentalement déterministe, il est désormais considéré comme le théoricien de la prise du pouvoir par les idées. Ce qui est un peu court. En réalité, à travers les différents concepts qu'il a forgés, notamment celui de bloc historique, il permet d'articuler les constructions idéologiques et les conditions matérielles. C'est pourquoi, afin de comprendre la situation politique actuelle de la France et d'en envisager les possibles développements, son œuvre demeure utile.

Tout au long de l'analyse de classes qui suit, nous cheminerons avec ses cahiers en main, y trouvant des points d'appui pour envisager, en face du bloc élitaire au pouvoir, les potentialités d'un bloc populaire.

En 2017, l'élection d'Emmanuel Macron à la présidence de la République a ouvert une période inhabituellement intéressante où la société est confrontée sans fard à sa réalité. Depuis, le chef de l'État gouverne grâce au pouvoir des institutions mais surtout à la faveur d'un agrégat de forces sociales qui constitue un bloc historique d'une remarquable efficacité. À savoir, le bloc élitaire.

Conduit par une élite managériale issue du monde de l'entreprise comme de la haute administration, cet ensemble politico-social repose sur une base électorale où les cadres supérieurs, les professions libérales et les retraités relativement aisés comptent pour beaucoup. À l'évidence, le bloc élitaire ne s'y réduit pas et est parvenu à susciter l'appui de millions d'individus qui n'appartiennent pas à ces catégories, cependant que nombre de cadres ou de retraités, voire de membres des strates dirigeantes de la société, ne s'y reconnaissent pas. Comme pour toute démarche un tant soit peu sociologique, il faut distinguer la norme de l'exception et décrire les tendances d'une situation que l'on juge structurantes sans prétendre épuiser le registre des interprétations.

L'antagonisme fondamental qui déchire la société française et que j'ai pu résumer par la formule « bloc contre bloc » n'abolit pas les positionnements intervallaires. L'identification à la gauche ou à la droite perdure chez près de la moitié des Français. Elle émane pour l'essentiel des catégories intermédiaires. Elle correspond au désir de retrouver les solutions de rassemblement qui furent le lot de la politique française au cours des dernières décennies au point de susciter une impression d'indistinction entre les politiques publiques suivies. Une autre sensibilité persiste qui se situe également à distance des élites réelles comme des classes populaires, celle de l'écologie politique. La dynamique des blocs fonde le conflit principal tout autant qu'elle engendre la volonté des classes moyennes d'y échapper.

De la même manière, les conditions matérielles d'existence ne peuvent subjuguer l'ensemble des enjeux électoraux. Loin d'ailleurs d'un simple rapport entre l'état social et le vote, la relation à la mondialisation dans toutes ses modalités est toujours plus déterminante. En son sein, l'immigration constitue un discriminant majeur du choix politique. Elle ne sera pas ici envisagée autrement puisqu'au vu des données démographiques, l'arrivée de populations extra-européennes n'entraîne pas une modification significative du corps électoral, du moins à ce stade et au niveau national. Il est loisible d'envisager à terme des fractures communautaires qui réduiraient à peu de chose les clivages sociaux structurant le vote des Français. Pour l'heure, non seulement on ne les observe guère, mais en outre on a rarement vu une telle correspondance entre l'attitude politique et la position économique, réalité à rebours de toute une littérature contemporaine, plus proche de la fiction narrative que de l'essai documentaire.

Depuis 2017, je n'ai cessé de travailler à définir le concept de bloc élitaire en m'attachant à démontrer sa triple cohérence, politique, idéologique et sociale. Tout à la fois réunification de la bourgeoisie, synthèse du libéralisme, mise en commun d'une partie des forces de la droite et de la gauche, j'ai décrit comment il s'incarne en Emmanuel Macron. Par un jeu de miroirs avec l'ouvrage de Karl Marx sur l'avènement du Second empire, *le 18 Brumaire de Louis Bonaparte*, j'ai pu en décrypter l'agencement. Ce bloc élitaire a traversé les épreuves du quinquennat sans perdre ses traits principaux et les a même renforcés. Sa volonté de transformation radicale du pays demeure entière et sa capacité à le faire également. Pour autant, il a suscité une vive opposition à la base de la société, entraînant un affrontement des discours et des affects comme rarement auparavant.

Le processus dialectique déclenché par l'élection de 2017 a favorisé l'émergence d'un bloc antagoniste, un bloc populaire. Quelle est son architecture ? Quelles sont ses valeurs, quelles sont ses chances aussi ? Ce questionnement est au cœur de notre exploration des classes populaires, de leur situation matérielle et de leur expression politique. Cette fois-ci, l'œuvre d'Antonio Gramsci nous servira de viatique tant elle permet d'approfondir l'articulation du social et du politique. Cet itinéraire apparaît d'autant plus indispensable que nous traversons un temps particulier, celui de la fin d'un quinquennat mouvementé. Il vise à en éclairer le terme, qui sera aussi l'heure de vérité pour le bloc populaire.

1

Le bloc
malentendus et réalités

Le terme de bloc fait florès aujourd'hui. Il n'est pas sûr toutefois qu'il soit bien compris. Réapparu dans le débat public à l'entour de 2017, il n'est pas inédit dans le vocabulaire politique français. En 1919, à l'issue de la Grande Guerre, les élections législatives apportent la victoire à un Bloc national qui sera renversé cinq ans plus tard par un Cartel des gauches. La notion est pourtant peu usitée. On lui préfère celle de front : Front populaire, Front national, Front républicain, voire front de classes – plus rare. Et dans les phraséologies moins structurées idéologiquement, l'union ou le rassemblement suffisent.

Ces deux derniers mots auront permis aux gaullistes de passer du Rassemblement du peuple français en 1947 à l'Union pour la nouvelle République en 1958, puis de l'Union pour la défense de la République en 1968 au Rassemblement pour la République en 1976 avant que ce dernier ne converge, avec l'Union pour la démocratie française, dans l'Union pour un mouvement populaire en 2002. RPF, UNR, RPR, UMP : les vocables et les sigles choisis ne sont pas vains. Ils traduisent l'espérance de s'affranchir du cadre diviseur et contraignant du parti de même que celle de valoriser une version hexagonale du patriotisme institutionnel. Pour autant, union ou rassemblement renvoient implicitement à l'irréductibilité des conflits sociaux comme soubassement de la vie politique par la négation qu'ils en apportent.

Il en va autrement pour le terme de parti qui, dans nombre de cas, dénote une base sociologique stable et reconnaissable. Le Parti radical, le plus ancien parti français, était intrinsèquement celui de la « nouvelle couche sociale », en substance les classes moyennes, évoquée par Léon Gambetta en 1872. Le Parti socialiste, avatar de la Section française de l'Internationale ouvrière fondée en 1905, se voulait le vecteur d'un prolétariat progressivement élargi à l'ensemble des salariés, cadres compris, censés être unifiés par leur statut de subordination au sein de l'entreprise ou de l'administration. Le désormais centenaire Parti communiste français, fondé en 1921, s'est défini durant des décennies comme l'expression des ouvriers et, plus encore, comme l'instrument de l'accomplissement de leur rôle historique d'émancipation générale. Le moins que l'on puisse dire est que ces partis sont aujourd'hui bien éloignés de cette vocation initiale.

Le terme de front connaît pour sa part une sévère décrue. Il n'a plus guère d'existence politique en France depuis qu'en 2018 le Front national est devenu le Rassemblement national. Quant à la notion de bloc, elle apparaît également périmée après avoir connu une brève résurgence aux confins de l'extrême droite : créé en 2002, le mouvement qui s'était intitulé le Bloc identitaire s'est constitué en parti en 2009 et s'est rebaptisé Les Identitaires en 2016.

C'est dans le cadre de l'analyse politique que le terme retrouve un certain lustre. Je l'ai exhumé et utilisé à partir de 2017 en distinguant dans la réalité française un « bloc élitaire » et un « bloc populaire » appelés à la polariser. À peu près au même moment deux économistes engagés à gauche, Bruno Amable et Stefano Palombarini, relevaient l'existence d'un « bloc bourgeois ». Désormais, le mot apparaît dans le discours politique et y prolifère. Ce qui rend plus que jamais nécessaire d'en établir le sens exact et précis. Autrement dit, d'examiner les malentendus qui l'obscurcissent et de retracer la généalogie qui l'éclaire.

La méprise de gauche

« Dans l'affrontement scénarisé à l'avance entre le bloc bourgeois d'Emmanuel Macron et le bloc réactionnaire de Marine Le Pen, les classes populaires sont expulsées du jeu politique, condamnées à un non-choix entre l'extrême-centre et l'extrême-droite ». La tribune qu'Arnaud Montebourg publie dans *Le Monde* le 7 juin 2021 frappe, non sans raison, les esprits. Le futur candidat à la présidentielle y esquisse une stratégie de gouvernement visant à rassembler « la France des gens ordinaires », c'est-à-dire les catégories populaires, les travailleurs indépendants et, concept très rarement employé, la « bourgeoisie d'intérêt national ». En d'autres termes, il s'agit de fédérer électoralement « ce corps central qui est la majorité sociologique du pays » et « qui a été abandonné par toutes les politiques publiques ».

Comme l'indique le titre de sa tribune, Arnaud Montebourg entend « unir le bloc populaire pour briser la tenaille entre les blocs bourgeois et réactionnaire ». Le propos de celui qui fut ministre de l'Économie dans la première moitié du quinquennat Hollande tranche avec le discours habituel des leaders de gauche. Notamment par le fait qu'il s'intéresse à la production plus qu'à la redistribution, aux intérêts plus qu'aux valeurs et, finalement, aux forces sociales plutôt qu'aux étiquettes partisanes.

La veille, le 6 juin, Jean-Luc Mélenchon a tenté de théoriser son isolement politique en récusant l'union de la gauche au profit d'une « union populaire ». Laquelle ? Se référant explicitement aux économistes Bruno Amable et Stefano Palombarini, il entend construire un « bloc populaire » face à ce qu'ils appellent le « bloc bourgeois ». Comment ? Empruntant au politiste Jérôme Fourquet sa grille d'analyse, quoique sans le nommer, il ambitionne de « fédérer d'amples secteurs de la société actuellement fragmentée dans [des] archipels ». Bien que Jean-Luc Mélenchon note comme en passant que « le vote commun se prépare dans les mobilisations communes », sa formule apparaît entièrement focalisée sur l'échéance présidentielle de 2022.

Montebourg et Mélenchon ont donc en commun l'ambition de « construire » un bloc dont aucun d'eux ne conteste l'urgence mais non plus ne constate l'existence. Le chef de la France insoumise demeure discret sur la composition sociologique dudit bloc. Sans doute utilise-t-il le terme surtout par politesse militante, afin de donner une coloration théorique à la visée résolument électoraliste du propos. Chez le meneur de la Remontada l'argumentaire est plus articulé avec les réalités populaires. Mais la logique du propos s'effondre dès qu'il s'approche d'une donnée centrale, le niveau du vote Rassemblement national, puisqu'il abandonne alors toute appréhension sociologique et parle de « bloc réactionnaire », notion qui relève plutôt du jugement de valeur.

En amont de ces deux tribunes se trouvent les travaux d'Amable et de Palombarini dans lesquels à la fois Montebourg et Mélenchon puisent une partie de leur inspiration. Cette même référence fixe les mêmes limites à leurs projets. Pourquoi ? Parce que les deux économistes engagés rechignent à acter la fin du clivage gauche-droite. Leur but est de reconstituer un « bloc de gauche » quitte, écrivent-ils, « à renoncer à l'unité complète des classes populaires » et on comprend en les lisant qu'il s'agit d'un euphémisme. Cette notable concession s'explique par leur refus de prendre en charge ce qu'ils désignent comme des thématiques identitaires, au premier rang desquelles la critique de l'immigration. Dès lors, leur système est bancal.

Amable et Palombarini souhaitent opposer à un bloc « bourgeois », qui est caractérisé socialement, un autre bloc qui serait, lui, façonné par des valeurs, celles d'une gauche qui serait « vraiment de gauche », comme on l'écrit sérieusement dans leur milieu. Une telle dissymétrie les mène à s'enfermer dans une circularité déconcertante. Le bloc bourgeois réellement existant est stigmatisé parce qu'il serait la base sociologique de la droite, cependant que le bloc de gauche, virtuel, serait à constituer pour donner une expression politique… à la gauche.

Cette faiblesse théorique tient à une impossibilité politique, celle de renoncer à un signifiant, la gauche précisément, aussi chéri dans certains cénacles universitaires et militants qu'il est disqualifié auprès d'une large majorité de la population. Dès lors, le bloc populaire devient un mirage car l'adjectif qui le qualifie ne renvoie plus à une appartenance sociale mais à une nostalgie politique, celle d'une union de la gauche identifiée au Front populaire de 1936, voire au Bloc des gauches du tout début du XXe siècle bien que le souvenir s'en soit estompé dans la mémoire collective.

Une illusoire unité

Un bref rappel historique sur ce que fut, une fois dépoussiéré et démythifié, le Bloc des gauches, permet de saisir l'ampleur de la méprise actuelle. En 1902, les élections législatives suscitent une équation parlementaire qui va durer douze ans et marquer fortement la chronique de la IIIe République. Après diverses crises qui ont divisé la France, dont l'affaire Dreyfus, une alliance se noue entre les députés radicaux, radicaux-socialistes, socialistes et républicains modérés. Elle a pour programme de défendre le régime et de mener, sous la conduite d'Émile Combes promu président du Conseil, une profonde réforme, si ce n'est une révolution laïque.

L'entente entre ces mouvances a pour clé et pour ciment le report systématique de voix sur le candidat le mieux placé d'entre eux. Soit un procédé cumulatif autrement nommé « discipline républicaine ». Le bloc consiste donc pour l'essentiel en un dispositif électoral même si, bien entendu, chaque composante partisane apporte une clientèle sociologiquement typée : les radicaux s'adressent aux classes moyennes anciennes et nouvelles qui comprennent artisans, commerçants, petits entrepreneurs, fonctionnaires ou employés, tandis que les socialistes se concentrent sur le monde ouvrier qui est encore quantitativement limité.

Dès 1906, l'arrivée au pouvoir de Georges Clémenceau, ferme sur les principes républicains tout autant que zélé dans la répression des mouvements sociaux, laisse voir la vraie nature du Bloc des gauches. S'il porte un message hégémonique, celui de la République pour aller vite, sa solidité relative provient de sa confrontation récurrente avec des forces réactionnaires alors bien réelles. Son unité est donc faible et se maintient de façon d'abord négative. Les transformations du monde du travail sous l'effet du développement capitaliste qui gagne alors la France en diminueront puis en annihileront l'efficience.

Les expériences suivantes et voisines, celles du Cartel des gauches en 1924 puis du Front populaire en 1936, témoigneront de l'impossibilité de stabiliser l'équation tant les différences politiques seront toujours plus patentes entre des partis qui reposeront sur des bases sociales de plus en plus disparates. Le Bloc des gauches aura surtout été une formule d'alliance entre des courants politiques divers, formule performative puisque les électeurs auront fini par se considérer comme « de gauche » pour avoir apporté leur voix à une coalition hétérogène, voire contradictoire d'un point de vue idéologique, sinon *a minima* autour de l'idée républicaine. De quoi méditer sur aujourd'hui.

Admettons que le bloc annoncé par diverses personnalités issues de la gauche ne soit pas un bloc des gauches mais plutôt un bloc de gauche. Envisageons qu'il soit fondé sur une identité commune – la gauche – plutôt que sur l'alliance d'organisations partisanes notoirement en crise. Concédons qu'une telle hypothèse n'est ni invraisemblable, ni irréalisable mais plutôt perdante au regard du faible écho que les représentations qu'elle engage rencontrent au sein de l'opinion. Ce qui paraît en revanche difficile, voire impossible, est que l'on puisse désigner ce projet par le terme de bloc populaire, sauf à faire table rase du sens même que revêt la notion de bloc dès lors qu'on l'adjective non pas de façon idéologique mais de manière sociale. À l'instar du bloc élitaire qui lui fait face, le bloc populaire suppose une définition claire. Pour être autre chose qu'un slogan d'occasion, il réclame l'articulation d'une réalité de classes et d'un projet politique.

Généalogie de l'idée

Depuis les années 1960, à partir du moment où l'œuvre d'Antonio Gramsci a commencé à être traduite, interprétée et popularisée dans le monde occidental, l'usage du mot « bloc » en politique a été conditionné par la notion de bloc historique telle que l'a définie le grand exégète italien de Marx et de Machiavel. Ne serait-ce que pour s'en distinguer. C'est pourquoi on ne saurait faire ici l'économie de s'en saisir pour s'y confronter. À moins de quoi on ne pourra comprendre la prégnance du pouvoir multiforme qui s'exerce aujourd'hui en France, le bloc élitaire, tout autant que l'on ne pourra appréhender la consistance de la réalité antagonique censée s'y opposer, le bloc populaire, ou même discuter l'éventualité de son existence.

Dans ses *Cahiers de prison*, Gramsci affirme que « l'infrastructure et les superstructures forment un bloc historique », cette formation s'opérant par le truchement des intellectuels, c'est-à-dire de l'idéologie. L'idée qu'une société se caractérise par l'articulation entre sa base économique et son organisation politique ne lui appartient pas mais il la systématise. En cela, contrairement à une légende tenace, il ne cherche ni à contredire, ni à dépasser le marxisme, lequel ne réduit pas, autre mécompréhension, les formes symboliques à un simple reflet des rapports de production. Il y a là une confusion entre l'exposé des principes et les exercices d'application dans les écrits de Karl Marx et Friedrich Engels. Deux ouvrages que le premier a consacrés aux événements de la période 1848-1851 en France, *Les Luttes de classes en France* et *Le 18 Brumaire de Louis Bonaparte*, et qui leur sont contemporains, témoignent de l'intégration dans son analyse politique concrète de facteurs hétérogènes, qu'il s'agisse d'éléments culturels ou de la stratégie des acteurs historiques.

L'apport décisif d'Antonio Gramsci est d'introduire un niveau intermédiaire entre la conscience latente des classes sociales et la lutte consciente pour le pouvoir politique. D'où le concept de bloc historique. Il n'en est pas de meilleure illustration explicative que celle que lui-même en donne. Dans la seconde partie du XIXe siècle, le *Risorgimento*, l'unification nationale de l'Italie, le rêve ancien dont Machiavel se faisait le héraut au tout début du XVIe siècle, s'accomplit à l'initiative du royaume de Piémont-Sardaigne et de son Premier ministre, le réformateur libéral Camillo Cavour. Toutefois, elle réussit grâce à l'alliance entre les bourgeois industriels du Nord et les propriétaires terriens du Sud. Deux classes possédantes, l'une de plain-pied dans la modernité capitaliste, l'autre arc-boutée sur un modèle archaïque, unissent leurs efforts pour surmonter l'indifférence des masses. Bien que leurs situations soient inégales sur l'échelle de l'évolution économique telle que l'entend Marx, leurs ambitions se rejoignent, ainsi que le raconte Giuseppe Tomasi di Lampedusa dans son roman *Le Guépard*.

Qu'en retirer ? Qu'un bloc historique requiert l'intervention d'une volonté politique forte, lucide et organisée. Que si l'un de ses éléments constitutifs est bien la classe sociale, il ne s'y réduit pas. Qu'il lui faut un chef, un projet et des composantes distinctes. Que, pour conquérir le pouvoir, la classe sociale motrice doit persuader que ses intérêts particuliers se confondent, sinon avec l'intérêt général, du moins avec ceux des classes ou fractions de classes ralliées. Et, enfin, que la constitution, l'avancée et la victoire d'un tel bloc historique sont grandement facilitées par l'argument patriotique.

Par-delà le déterminisme

Le cas du *Risorgimento* est frappant puisque l'extension économique du capital s'y confond avec l'unification politique du pays et, partant, avec la création d'un vaste marché national. L'élément italien est plus que présent et constitue un puissant facilitateur de l'entreprise poursuivie malgré les profondes différences régionales d'alors, y compris linguistiques. C'est là un point important car s'il est concevable – Antonio Gramsci l'a fait – de penser un bloc historique transnational, par exemple à l'échelle de l'Europe, un tel concept est plutôt associé au patriotisme qu'il saura ou non susciter.

Par ailleurs, le *Risorgimento*, produit du bloc historique conduit par la maison royale de Savoie, présente pour particularité l'inexistence d'un bloc concurrent. Pourquoi les masses considérables de la paysannerie retardataire du Sud et du prolétariat ouvrier du Nord ne pensent-elles pas à s'unir avant, mais aussi après, la réunification ? Pourquoi, fidèle à l'impulsion de Cavour, le bloc élitaire ne cessera-t-il de porter l'idée nationale puis de gouverner le pays sous les divers régimes qu'il connaîtra, défaisant ses contestations sociales successives ? Pourquoi, inversement, alors que le Parti communiste italien paraîtra s'approcher des portes du pouvoir après la Seconde Guerre mondiale, la constitution d'un bloc populaire suffisamment puissant pour y accéder ne surviendra-t-elle pas ?

Dans cet échec, les différences culturelles compteront finalement moins que les différences dans l'origine du revenu – Gramsci dirait dans les modes d'exploitation subis. Avant d'être du Nord ou du Sud, les travailleurs pauvres sont attachés à la machine ou à la terre, leurs conditions laborieuses divergent. Pour le théoricien italien, le Prince moderne qu'est le Parti communiste, référence là encore transparente à Machiavel, aurait dû établir une sorte de pacte entre les classes ouvrière et paysanne – cette solution impliquant néanmoins, en bonne logique léniniste, la direction de la seconde par la première et des deux par l'avant-garde militante. Lors des Trente Glorieuses, le PCI préférera se tourner vers les nouvelles classes moyennes aisées et urbanisées, avant de s'engager dans l'impasse du compromis historique avec la Démocratie chrétienne au pouvoir. Retenons-en que la proximité sur l'échelle sociale alliant faible revenu et position subalterne ne suffit pas à constituer à tous coups des intérêts de classe convergents et, *a fortiori*, une conscience de classe commune.

En conceptualisant le bloc historique, Gramsci contextualise le déterminisme. Il récuse la représentation selon laquelle ce qui arrive devait forcément arriver en raison de lois historiques extérieures aux institutions et à l'action politique. Il n'en demeure pas moins attaché aux fondements du marxisme et ne croit guère que les idées mènent le monde, sinon en ceci qu'elles sont forgées et véhiculées en fonction des intérêts d'une classe sociale particulière. Certes, selon ce schéma, une conquête du pouvoir politique s'accommodera mieux de la conquête préalable de l'hégémonie culturelle, c'est-à-dire de la conversion du sens commun que manifeste l'ensemble de la population aux convictions particulières que promeut un groupe donné. Cependant, c'est loin d'être toujours le cas, y compris dans le cadre d'une démocratie représentative.

Il serait ainsi aisé de montrer que la crise politique larvée qui a sans cesse couvé au long du quinquennat d'Emmanuel Macron, lui-même si facile à camper dans les habits du Prince « machiavélien », tient à ce que sa victoire électorale n'a pas découlé de la conversion des Français à l'idéologie particulière de la classe managériale qui l'a mené au pouvoir. Chaque séquence de la période écoulée depuis 2017 confirme que si l'idéologie dominante est bien celle de la classe dominante, elle ne se confond pas nécessairement avec l'idéologie majoritaire.

Essor et déclin des fronts

Un bloc historique ne se résume ni à un prosaïque accord électoral entre partis politiques, ni à une alliance abstraite entre classes sociales. Cependant, du vivant de Gramsci, il existe des formules qui mixent les deux, des variants qui mêlent organisations et strates dans le but d'articuler, en cas de prise du pouvoir, l'infrastructure et les superstructures. Autrement dit de garantir l'efficacité immédiate du nouveau pouvoir. Cette vision engage un lexique théorique aujourd'hui oublié ou méconnu mais que le penseur transalpin a parfaitement en tête lorsqu'il rédige ses *Cahiers de prison*. Et c'est celui, en rien indifférent à notre sujet, des fronts.

En 1921, lors du IIIe Congrès de l'Internationale communiste à Moscou, Lénine fait adopter le mot d'ordre de front unique. Sept ans plus tard, en 1928, il sera abandonné au profit d'une ligne « classe contre classe » dont les conséquences se révéleront catastrophiques en Allemagne et ailleurs. Puis viendra la phase dite « de front populaire » à partir de 1934. Enfin, à l'heure de la guerre, en 1941, le pouvoir soviétique promouvra partout la stratégie qu'il intitulera « de front national ».

En quoi consiste le front unique ? En une invitation faite à la classe ouvrière et à l'ensemble de ses expressions politiques, y compris socialistes, à lutter de conserve sur des points particuliers – en langage militant : « Frapper ensemble. Marcher séparément ». Le front populaire ? Selon les termes de Maurice Thorez, en « l'alliance des classes moyennes avec la classe ouvrière ». Le front national ? En une proposition unitaire d'action patriotique faisant l'impasse sur les différences sociales et les attachements partisans, à l'exclusion « des capitulards et des traîtres », ainsi que l'indique l'intitulé du mouvement de résistance créé par les communistes français juste avant l'invasion de l'URSS, à savoir « le front national de lutte pour la libération et l'indépendance de la France ».

Qu'en déduire ? Qu'à la fin d'une longue évolution, où l'on s'est toujours plus éloigné du concept du bloc historique, la logique de domination géopolitique a pris le pas sur le projet de transformation sociale. À moins que cet écart ait été originel. Dès 1920 et le congrès de Bakou, le « premier congrès des peuples de l'Orient » organisé par les Soviétiques, l'Internationale communiste a voulu capter les aspirations à l'indépendance des peuples assujettis aux grandes puissances européennes et impériales d'alors. La décolonisation s'est ainsi accompagnée d'une profusion de « fronts de libération » en tout genre, tels que le FLN algérien ou le FNL vietnamien, quitte à ce qu'une nouvelle tutelle succède à l'ancienne.

On comprend mieux, au vu de son histoire, que la terminologie du front peine aujourd'hui à être ranimée. Outre la connotation quelque peu conflictuelle qu'elle emporte pour l'irénisme démocratique contemporain, elle renvoie à une période où les formations politiques assumaient directement le lien entre leur programme idéologique et leur ancrage social. C'était moins le cas des mouvements qui s'appuyaient sur les couches les plus aisées, forcément minoritaires. Un parti aussi dépendant d'un vote de classe qu'est la République en Marche ne pourrait se permettre aujourd'hui de le reconnaître. Ce n'est pas la seule originalité du moment. Les partis d'opposition, à commencer par ceux qui recueillent en priorité le vote des classes populaires, ne souhaitent pas être trop associés à ces dernières et préfèrent s'adresser aux « Français », aux « compatriotes », voire aux « gens ». Cela paraît évident, cela semble relever du bon sens électoral, mais cela n'a pas toujours été le cas.

Un impossible parallélisme

Ces détours historiques n'ont d'autre objet que souligner l'originalité du bloc historique par rapport à d'autres concepts, tout autant que son actualité. Ainsi, dès lors que le lien privilégié entre une classe et un mouvement n'est plus assumé, la notion de front, populaire ou pas, n'a plus de sens car ledit front n'a plus d'existence politique. Ce qui était possible au XXe siècle, lorsque les partis de masse tenaient le haut du pavé et les syndicats de salariés disposaient d'une abondance d'adhérents, ne l'est plus aujourd'hui alors que ces structures d'encadrement sont en crise, voire en agonie.

De même qu'il n'est plus pensable de proclamer un front politico-social avec quelque chance qu'il se concrétise, l'existence d'un bloc ne se décrète pas. Elle se constate, se discute ou se réfute en termes d'analyse théorique et elle s'assume ou se refuse en termes d'action politique.

Le bloc élitaire dont Emmanuel Macron est l'émanation autant que l'animateur – au sens qu'il lui donne une âme, un souffle, une vie – résulte de la réunification de la bourgeoisie dont l'actuel président de la République a tiré son élection. Grâce à une interaction permanente entre les classes sociales qui le constituent et leur direction idéologique, ce bloc élitaire se maintient et pousse son projet de transformation de la société française.

Le macronisme n'a pas besoin de penseurs pour être une pensée, celle-ci transpire naturellement des classes dominantes. Il constitue au sens strict une idéologie, à savoir l'ensemble des lieux communs par lesquels une classe sociale justifie son mode d'existence et son aspiration à y conformer le reste de la société. L'élite bourgeoise réunifiée dirige réellement le bloc élitaire. En son sein, elle doit composer avec une classe managériale hétérogène, une large strate désireuse de s'assimiler symboliquement à son modèle, ainsi qu'avec une bonne partie des retraités, mais c'est elle qui donne le ton. L'élite bourgeoise constitue ce que Gramsci appelle la classe fondamentale du bloc historique.

Dès lors, si le bloc populaire représente autre chose qu'un souhait, un slogan ou un épouvantail, s'il renvoie à un objet social plus ou moins avéré, il faut en considérer les conditions de possibilité. À commencer par l'existence de classes susceptibles de le former, d'une élite politique pour le diriger et d'un projet structuré. Sans cela, employer le nom de bloc serait abusif. Néanmoins c'est l'adjectif qui l'accompagne, populaire, qu'il faut considérer en premier. Existe-t-il encore un peuple sociologique, qui se distinguerait de l'ensemble des citoyens, c'est-à-dire du peuple politique, que forme la population française ?

Face au bloc historique de nature élitaire qu'il voyait à l'œuvre en Italie, Gramsci espérait la constitution d'un bloc prolétaire. Sans surprise chez un auteur marxisant de l'entre-deux-guerres, ce bloc devait regrouper, on l'a vu, divers groupes paupérisés, dont les nombreux paysans d'alors, et avoir pour classe fondamentale les ouvriers. À l'inverse, cette école de pensée s'intéressait peu aux employés, souvent confondus avec les classes moyennes ou les « cols blancs ».

Est-il sensé de vouloir reproduire un tel raisonnement en France, près d'un siècle plus tard, au regard de toutes les différences imaginables entre les deux situations, dont l'effondrement quantitatif des travailleurs de l'agriculture – désormais 1,5 % de la population active ? Et, d'abord, existe-t-il encore chez nous quelque chose qui ressemblerait à une classe ouvrière ?

2

Sur les cendres de la classe ouvrière, les ouvriers demeurent

Le 23 mars 1979, les ouvriers de la sidérurgie, montés en nombre de Lorraine à Paris, protestent dans les rues de la capitale contre le plan massif de licenciements qui les frappent. Près de 100 000 personnes défilent pour soutenir leurs revendications. La manifestation est émaillée d'incidents violents, notamment autour de la place de l'Opéra. Comme lors des mobilisations des Gilets jaunes en novembre et décembre 2019 sur les Champs-Élysées, ces dérives sont d'abord le fait de groupes extrémistes, à l'époque les Autonomes de l'ultra-gauche. Mais leur ampleur signale la participation d'autres protestataires. Des adhérents de la CFDT se joignent aux débordements cependant que les membres de l'impressionnant service d'ordre de la CGT s'y opposent vivement.

Le lendemain, à la Une des journaux s'étalent des photos dramatiques d'émeutes urbaines. La gauche s'émeut. On parle de provocations orchestrées en sous-main par la police. Le gouvernement de Raymond Barre est mis en cause. Le ministre du Travail, Robert Boulin, et le ministre de l'Intérieur, Christian Bonnet, sont interpellés par l'opposition à l'Assemblée. Malgré l'échec formel de la manifestation, l'élan de solidarité qui traverse le pays contrarie le plan arrêté par Bruxelles qui vise à restructurer l'industrie de l'acier à l'échelle de la CEE, la Communauté économique européenne.

À l'inverse, lorsque le 13 avril 1984 un cortège massif défile dans Paris contre le plan Acier du gouvernement, avec le discret soutien du parti communiste, les sidérurgistes lorrains ne rencontrent qu'indifférence, celle de la rue, celle du parlement et celle de l'opinion. Deux mois plus tôt, le 22 février, à la télévision, *Vive la crise*, une émission produite par le service public en partenariat avec le journal *Libération* et animée par Yves Montand, a donné la mesure de la révolution idéologique en cours. Trois semaines plus tard, le 2 mai, Jacques Chérèque acceptera la mission que François Mitterrand lui a proposée : sous le titre ronflant de préfet délégué pour le redéploiement industriel en Lorraine, cet ancien secrétaire de la Fédération de la métallurgie à la CFDT gérera l'accompagnement social du vaste projet de désindustrialisation qu'a décidé Laurent Fabius, alors ministre de l'Industrie.

En moins d'une décennie, la « centralité ouvrière », selon le mot de l'historien Xavier

Vigna, a disparu. Elle a été effacée d'un trait de gomme. La gauche au pouvoir ressent une part de gêne, mêlée chez beaucoup de ses cadres d'une sourde jubilation. Non seulement le monde ouvrier n'est plus en mesure d'imposer ses conditions aux classes moyennes progressistes, mais il est de surcroît cerné dans ses bastions traditionnels par l'arrêt des usines et l'essor des dégraissages. Isolé avec méthode du reste de la société française, le monde ouvrier se voit dénier tout avenir. Les Français sont même sommés par la gauche au pouvoir de s'en réjouir : la postmodernité n'attend pas.

En 1983, parmi les 62 % de Français ayant le sentiment d'appartenir à une classe sociale, 35 % s'identifient à « la classe ouvrière, les ouvriers ». Dix ans plus tard, en 1993, ils ne sont plus que 19 % à le faire. Dans le même laps de temps, la part des gens se réclamant des « classes moyennes » passe de 33 % à 39 %. Ces chiffres montrent l'autonomie des représentations par rapport aux réalités. Observe-t-on sur cette période une « moyennisation » de la société française ? Il ne semble pas. Ainsi que le rappelle le sociologue Serge Bosc, « entre 1984 et 1994, le revenu disponible par unité de consommation augmente de 4,4 % pour les ménages ouvriers qualifiés, de 3 % pour les professions intermédiaires mais de plus de 13 % pour les cadres ».

Au long de cette période, les ouvriers se retrouvent exposés, le plus souvent en première ligne, au chômage qui explose, s'installe, et devient un trait constitutif de la société française. On comprend mieux pourquoi, bien que la droite ne fasse rien pour s'adresser à eux, ils délaissent la gauche dans les urnes. Ils comprennent peu à peu que le nouveau cours de la politique socialiste n'est pas une parenthèse mais une stratégie à long terme. Ce dont la campagne pour l'adoption de l'Acte unique européen achève, en 1992, de les convaincre. Ils perdent alors toute forme d'expression propre et c'est leur marginalité que, dès lors, on mesure.

Priés de se rendre aussi invisibles que possible, les ouvriers demeurent cependant nombreux et vont redevenir un enjeu symbolique des campagnes électorales. Après avoir été évincés durant une vingtaine d'années du discours des politiques, ils y réapparaissent désormais, notamment à l'occasion de l'élection présidentielle. La mésaventure de Lionel Jospin qui, les ayant ignorés, ne recueille que 15 % de leurs suffrages exprimés le 21 avril 2002, sert de leçon. Les candidats ultérieurs vont se montrer plus attentifs. Nicolas Sarkozy parle beaucoup des ouvriers en 2007. Lors de la campagne de 2012, François Hollande lui dispute leurs votes. Le 26 avril 2017, à Amiens, entre les deux tours, Marine Le

Pen et Emmanuel Macron se croisent sur le site de l'usine Whirlpool menacée de délocalisation en Pologne. Pourtant, malgré ces soubresauts d'intérêt politicien, la condition ouvrière est peu évoquée. Sa centralité de jadis n'est plus qu'un vague souvenir. Ou, pour le dire avec Gramsci, son hégémonie constituée autour d'une identité de classe s'est évanouie.

Vie et mort d'une notion

S'il fallait compiler un nouveau dictionnaire des idées reçues, à l'entrée Classe ouvrière on lirait : « N'existe plus ». Encensé ou honni, galvaudé puis moqué, le terme ne signifie plus rien, ou presque, dans le débat public. Lorsque d'aventure il apparaît, il évoque vaguement quelques cités moroses perdues dans la brume du passé après l'avoir été dans la fumée de hauts-fourneaux qui, éteints depuis longtemps, croulent sous la rouille. Au mieux un vestige muséographique, au pire un stigmate idéologique : le mot et la chose ressortent indissociables d'une école philosophique désormais dédaignée, le marxisme, et d'un projet politique dévalué, le communisme.

Sans plus nous encombrer de fioritures, allons à la signification que revêt la notion de classe sociale chez Karl Marx. À grands traits, elle est indissociable du processus de production et des rapports qui se nouent autour de la plus-value : certains la créent, d'autres la captent. D'un côté le salaire, de l'autre le profit. Et à la périphérie, en ce XIXe siècle où écrit le dénonciateur du capitalisme, la rente foncière. Voilà pour la théorie.

Le Karl Marx analyste de son temps constate cependant que le monde qui l'entoure ne correspond pas à cette épure. Les paysans, les artisans et les commerçants et autres petits propriétaires actifs abondent. Quant à ceux qui relèvent peu ou prou de la condition salariale, ils n'éprouvent guère de passion naturelle pour l'unité. C'est que pour encadrer et garantir l'exploitation du travail d'autrui, il existe tout un système de représentations et de contraintes. Il a engendré des catégories parasites entre exploiteurs et exploités au bénéfice des premiers et il a développé autour de l'État, ce « consentement cuirassé de coercition » selon la formule d'Antonio Gramsci, les moyens de se perpétuer. Voilà pour la factualité, à travers ce prisme idéologique.

Le schéma conceptuel du marxisme s'en accommode. Se constatent de manière indubitable des classes fantoches, les fameuses classes moyennes qui comprennent notamment les fonctionnaires, mais il n'y a fondamentalement que deux classes. Elles sont liées entre elles par un rapport antagonique en tant qu'elles constituent deux forces qui nécessairement s'affrontent. Et leur affrontement dialectique est le moteur de l'histoire : d'un côté, les prolétaires, à savoir les travailleurs exploités une fois qu'ils sont devenus conscients de leur condition ; de l'autre, les bourgeois exploiteurs une fois qu'ils ont surmonté les structures précapitalistes entravant leur domination.

Dans une telle vision du monde, alors que l'âge de la révolution industrielle bat son plein, l'éternel exploité apparaît revêtu des habits de l'ouvrier. Son rôle historique est décisif puisque le développement des forces productives en régime capitaliste va à la fois décupler son nombre et dégrader sa condition. Dans la phraséologie de Karl Marx : « Les rapports de production bourgeois sont la dernière forme antagonique du procès social de la production. »

Qu'en retire le penseur du matérialisme historique ? Que la paupérisation des producteurs, contradiction essentielle du capitalisme, les forcera à une prise de conscience et les fera passer d'une « classe vis-à-vis du capital » à une « classe pour elle-même ». Ou, dans le commentaire de György Lukács, d'une classe « en soi » à une classe « pour soi ». Se formera alors une vaste organisation humaine, une internationale si l'on préfère, apte à dissiper les illusions spiritualistes, idéalistes ou nationalistes. Elle aura pour tâche d'accélérer l'évolution en cours, de toutes les façons impérative, jusqu'à son terme final. Et adviendra la société mondiale sans classes.

Se profile ainsi, informée de son rôle messianique, la classe ouvrière qui est conduite sur le chemin de l'Histoire par son parti dédié, à la fois serviteur et maître comme le siècle passé en a donné quelques aperçus. Le manuel d'économie politique publié en 1956 l'Académie des Sciences de l'URSS résume de manière didactique mais claire ce schéma : « Le prolétariat industriel, qui est la classe la plus révolutionnaire et la plus avancée de la société capitaliste, est appelé à réunir autour de lui les masses travailleuses de la paysannerie ainsi que l'ensemble des couches exploitées de la population afin de les mener à l'assaut du capitalisme ». Or, le fait est qu'à lire cette définition, le lecteur d'aujourd'hui soupçonnerait un pastiche habilement troussé pour brocarder la rhétorique communiste.

Une construction réussie

On pardonnera peut-être la rusticité de ce tableau, brossé à la truelle, en se remémorant l'avertissement de Raymond Aron à l'orée du cours sur le marxisme qu'il donna en 1962 à la Sorbonne puis en 1977 au Collège de France : « Une qualité de l'œuvre de Marx, c'est qu'elle peut être expliquée en cinq minutes, en cinq heures, en cinq ans ou en un demi-siècle. » On n'omettra pas non plus de se souvenir que le « spectateur engagé » voyait dans le théoricien de la révolution prolétarienne à la fois un génie et « un sophiste maudit qui porte sa part de responsabilité dans les horreurs du XXe siècle ».

Retenons ici que le marxisme comme théorie et le communisme comme politique ont tout un temps instauré l'idée de classe ouvrière au cœur des représentations collectives. Quand bien même l'on y verrait une chimère, des millions d'individus crurent lui appartenir, luttèrent en son nom, et ceux qui les combattirent ne doutaient pas pour la plupart de sa réalité. Ce qui était vrai pour les militants l'était aussi pour les intellectuels. Jusque dans les années 1970, la sociologie connut une sorte d'ouvriérisme universitaire, les chercheurs multipliant les ouvrages sur les mutations du travail dans l'industrie ou la politisation induite par les transformations de l'appareil productif.

La rapide déshérence de ces thématiques à la suite des changements politiques en France et dans le monde durant la décennie 1980 n'est pas moins frappante. Désormais, au sens figuré mais aussi et déjà au sens propre, la classe ouvrière n'imprime plus. Une évidence a chassé l'autre. À la fétichisation de son supposé rôle historique a succédé la contestation de sa réalité même avant que ne survienne l'oubli des âpres querelles que sa définition avait pu susciter.

De cette occultation ne subsistent que des évocations littéraires qui dressent, de ses premiers à ses derniers jours, la nécrologie de cette figure engloutie avec le monde qu'elle incarnait. Ces récits ne sauraient renverser le cours du temps, mais ils attestent d'un phénomène sans doute aussi éthéré aujourd'hui qu'il était prégnant hier. Il y aurait donc eu en France une classe ouvrière dont l'existence sociale avait fini par surmonter le doute entourant son essence conceptuelle. La pratique, nourrie de la théorie, aurait ainsi justifié sa vraisemblance sans forcément confirmer sa véracité.

La notion eut pour elle que sa traduction politique fut longtemps incarnée par une organisation à nulle autre semblable, le parti communiste. Comme le souligne à raison le sociologue et politiste Julian Mischi, « la place centrale des catégories populaires dans le discours et l'organisation du PCF était le reflet d'une doctrine marxiste visant à constituer le prolétariat en classe dominante ». Plus précisément, il se voulait le « parti de la classe ouvrière » et s'en donnait les moyens, non pas en recourant à des artifices de la communication mais en promouvant délibérément et systématiquement des militants ouvriers aux postes de responsabilité.

De manière significative, les historiens récents ergotent sur le défaut de représentation des femmes et des personnes directement issues de l'immigration au sein du PCF. Ils omettent souvent que l'écart restait bien moindre qu'ailleurs et ils ne mesurent pas toujours les efforts accomplis pour que les derniers, socialement, deviennent les premiers, politiquement. Jusqu'au mitan des années 1970, les communistes firent preuve d'un volontarisme constant afin d'incarner concrètement le monde ouvrier. Un bon indice en est l'exécration que leur voua l'extrême gauche estudiantine en 1968. Dans les envolées des « nouveaux gardes rouges » contre les « bureaucrates » du PCF et de la CGT, il n'était pas sorcier de discerner la hargne de militants issus de milieux bourgeois face à une élite politique, peut-être dominée mais bien réelle, appartenant à un tout autre univers social et culturel.

Existence et consistance avérées ou non d'un point de vue théorique, c'est donc l'ordre du constat concret qui l'emporte. Celui de la rencontre entre un projet idéologique, anarchiste puis socialiste et communiste, et une réalité économique, l'industrialisation, pour aboutir à une construction sociale, la classe ouvrière. Dans des circonstances différentes, sans l'intercession léniniste du parti mais par le truchement d'un vaste tissu d'instances corporatives, associatives ou représentatives, la Grande-Bretagne aura connu un processus analogue à la France. Ce que décrit à la perfection le sociologue Edward P. Thompson dans son étude parue en 1963 dont le titre signale suffisamment qu'une classe sociale, réalité à la fois objective et subjective, procède également d'un effort collectif : *The Making of the English working class.*

L'apostasie du parti

À rebours, la mutation idéologique qu'entame le PCF durant les années 1970 va démultiplier le déclin, déjà en cours, de l'idée de classe ouvrière. Lors de son XXIIe Congrès, en février 1976, alors que l'effectif ouvrier est au plus haut – huit millions d'individus, soit 37 % de la population active – le parti renonce au principe de la dictature du prolétariat. Soucieux de paraître s'affranchir de la tutelle moscovite et d'éviter le procès consécutif en totalitarisme, désireux également de s'adresser aux classes moyennes pour ne pas les abandonner au concurrent socialiste, il envoie un message démobilisateur à son propre électorat.

Le discours naguère révolutionnaire délaisse la lutte des classes pour dénoncer, en cette période où le chômage de masse s'installe, la pauvreté ou la misère. L'affichage d'un tel souci pour les « petites gens » normalise le PCF car il est partagé par toutes les formations démocratiques et emprunte largement à la morale catholique qui infuse l'imaginaire collectif. Vouloir s'intéresser aux ouvriers, se préoccuper de leur condition, se porter en leur défense, n'équivaut en rien à prétendre les ériger en créateurs de la transformation politique, voire en rédempteurs de l'humanité.

Les avantages présumés de cette normalisation ne sont qu'apparents. Ils dissimulent une profonde erreur stratégique. D'une part, le nouveau discours communiste apparaît excessif car l'État social fonctionne et compense largement les dégâts de la crise en régime capitaliste. D'autre part, il ressort dévalorisant pour le monde ouvrier, lequel préfère voir sa dignité exaltée que sa condition déplorée. Enfin, il favorise indirectement la représentation néoprogressiste qui commence à émerger, tournée vers les « exclus et dominés » en tout genre, au détriment d'une lecture marxiste de la société qui seule pouvait légitimer l'existence du parti et la cohérence de son projet.

En 1994, lorsque Robert Hue succède à Georges Marchais, toute mention de la classe ouvrière disparaît des statuts. Le nouveau secrétaire national accélère la banalisation idéologique du parti sous les applaudissements des commentateurs. Candidat en titre du PCF aux élections présidentielles, il le mène benoîtement au score de 8,7 % en 1995 et de 3,4 % en 2002 des suffrages exprimés, à comparer aux 21,3 % obtenus par Jacques Duclos en 1969. Ce sera pour l'acteur de cette spectaculaire décroissance le prélude à son soutien personnel au Parti socialiste à partir de 2008 puis, dès le premier tour de 2017, à Emmanuel Macron.

Facteur moins connu de cet échec, la mutation ratée du PCF s'accompagne à partir du milieu des années 1970 d'une « désouvriérisation » de ses personnels que Julian Mischi a décrite en profondeur. Le souci d'élargir la base sociale, stimulé par l'essor grandissant du Parti socialiste, fait que les enseignants, les fonctionnaires, les employés et les cadres ne voient plus leur progression freinée au sein de l'appareil. Davantage dotés en ressources sociales que les ouvriers, ils accèdent désormais plus vite qu'eux aux fonctions de responsabilité, notamment au sein des nombreuses collectivités territoriales que dirige le PCF.

Se rompt alors l'entre-soi ouvrier. Durant les trois décennies de l'après-guerre, leur catégorie recouvre 45 % des adhérents, proportion qui tombe à 31 % en 1997. Mieux, ou pire, encore, lors des congrès nationaux la part des délégués d'origine ouvrière décline : écrasante jusqu'en 1967, elle ne cesse de décroître par la suite, passant à 45 % dans les années 1970, 40 % dans la décennie 1980 pour chuter à moins de 30 % après 1990 et autour de 10 % après l'an 2000.

Fait des plus troublants que relève Julian Mischi, le PCF instaure en 2009 une base informatique qui prend en compte le sexe, l'âge, le lieu de résidence, le secteur d'activité ainsi que d'autres caractéristiques de ses adhérents mais ne renseigne plus sur leur catégorie socio-professionnelle ! Cette omission dictée sans doute par la prudence montre aussi l'étendue de l'oblitération de la culture de classe au sein du parti et éclaire son penchant toujours plus prononcé pour les questions sociétales.

Nul ne sait ce qui serait advenu du Parti communiste français s'il n'avait pas procédé à la grande liquidation doctrinale qu'il a entamée à partir des années 1970. Sans doute n'aurait-il pas échappé au déclin général qui a frappé le courant marxisant dans l'ensemble des démocraties occidentales. Mais il aurait pu éviter sa marginalisation actuelle. Fatale pour lui, la banalisation idéologique du PCF a contribué à la dislocation politique de la classe ouvrière, introduisant un facteur subjectif aggravant au déclin numérique, à la diversification culturelle et à la fragmentation statutaire du monde ouvrier.

Fin de la centralité ouvrière, persistance des ouvriers

Quelle est la réalité quantitative du groupe ouvrier dans la société française ? Nous disposons pour le savoir de l'excellent système mis au point par l'INSEE en 1954 et remodelé en 1982, la nomenclature dite des « catégories socioprofessionnelles ». En 2019, 5,3 millions d'individus sont des ouvriers en France, ce qui représente 20 % de l'emploi total. Quarante auparavant, alors que François Mitterrand accédait au pouvoir, cette proportion était de 30 %. Le recul est net. Même si, comme on l'a vu dans le sondage portant sur l'identification à la classe ouvrière, il est patent que les changements de perception sont d'une plus grande ampleur que l'évolution des données objectives.

Un actif sur cinq a donc aujourd'hui un statut d'ouvrier et, désormais, ce rapport ne recule que très faiblement au fil des ans. Huit ouvriers sur dix sont des hommes, cette population conservant pour trait caractéristique le décalage entre sa part parmi les actifs masculins – 30 % en 2019 – et sa part chez les actifs féminins – 8 %. Pour le reste, ses évolutions internes sont importantes et contribuent à sa marginalisation symbolique.

Certaines de ces mutations relèvent de l'évidence. Enchaînant les crises, le partage mondial du travail a fait son œuvre, effaçant plusieurs catégories de « cols bleus » du paysage social. La grande grève de 1963 avait annoncé la proche disparition des mineurs. Les conflits des années 1980 ont préfiguré l'attrition du nombre de métallurgistes, de sidérurgistes et d'ouvriers de l'automobile. D'autres mouvements sont plus difficiles à décrypter. Il s'opère d'une part une réorganisation catégorielle au sein du groupe ouvrier et, d'autre part, une propagation du travail de type ouvrier à l'extérieur de ce que la nomenclature officielle désigne comme tel. Enfin, si le contrat à durée indéterminée concerne encore 78 % d'entre eux, naturellement pour ceux qui ne sont pas au chômage, la précarisation est bien réelle : les ouvriers se trouvent assujettis à des contrats à durée déterminée ou d'intérim deux fois plus que les autres salariés.

Sans surprise, on constate un net recul des ouvriers non qualifiés de type industriel. Ils représentaient 29 % du total en 1982 et seulement 16 % en 2019. La figure de l'OS, si présente dans les mobilisations postérieures à 1968 et immortalisée par Robert Linhart dans son livre *L'Établi*, s'est évanouie de l'imaginaire collectif comme elle s'est contractée dans la réalité sociale. La part des ouvriers qualifiés de type industriel – les tourneurs fraiseurs, les chaudronniers, les conducteurs d'engin ou de ligne de fabrication, notamment – est restée importante, à hauteur de 20 %. Deux catégories sont cependant en nette expansion. Les ouvriers qualifiés de la manutention, du magasinage et du transport, que l'on peut identifier à l'image du cariste, sont passés de 6,2 % à 8,4 % et les chauffeurs, de 7,5 % à 12,5 %. Le lien entre cette croissance et l'essor de la société de services est direct.

Toujours à partir des données recueillies et organisées par l'INSEE, les ouvriers, pris dans leur ensemble, conservent des caractéristiques qui relativisent fortement la notion de moyennisation de la société. La première d'entre elles, qui synthétise beaucoup d'autres, est leur plus faible espérance de vie. À 35 ans, elle est en moyenne pour un ouvrier de 43 années, au lieu de 45 pour l'ensemble de la population masculine et de 49 pour les cadres. Ceux-ci peuvent donc espérer vivre six années de plus, ce qui induit un rapport au monde sensiblement différent. Quand on examine seulement les revenus, l'écart se creuse parmi les hommes entre les 5 % les plus aisés et les 5 % les plus pauvres car il est alors de13 ans.

Les chiffres montrent aussi, comparés à ceux établis au tournant de 1980, que ces trois dernières décennies ont marqué un gain de 7 ans de longévité pour l'ensemble de la population et d'exactement autant pour les ouvriers. Quelle que soit la valeur explicative que l'on attribue aux différences de condition ou de comportement entre les catégories sociales – la nature du travail effectué, l'alimentation, l'hygiène, les addictions, etc. – l'essentiel est que l'on observe un progrès général mais sans réduction des différences. La même observation vaut pour les ouvrières comparées à l'ensemble de la population féminine.

Le constat est plus alarmant si l'on considère cette fois l'espérance de vie à 35 ans sans incapacité. Elle est, pour les hommes, de 40 ans chez les cadres et de 32 chez les ouvriers. Pour le dire de manière plus prosaïque, les cadres profiteront bien plus longtemps et en meilleure santé de leur retraite. Quant aux ouvriers, ils auront plus d'années d'incapacité pour une vie plus courte. Une disparité qui, en termes de justice sociale, se nomme une inégalité.

Quand l'on aborde le rapport au monde social, la question de la propriété est aujourd'hui négligée dans les analyses générales alors que chacun éprouve pour soi-même son caractère essentiel. En 2018, le patrimoine net médian par ménage, donc divisant en deux parts numériquement égales la population considérée, était de 117 000 euros pour l'ensemble des Français. Parmi les personnes en activité, tous âges confondus, il était de 219 100 euros parmi les cadres, de 37 500 euros chez les ouvriers qualifiés et de 12 300 euros chez les ouvriers non qualifiés. Il s'agit donc d'un rapport de 1 à 6 ans pour le premier cas, de 1 à 18 pour le second. À la retraite, de surcroît, ces écarts énormes s'accroissent.

Il ne s'agit pas de comparer ici des riches et des exclus, mais bien des catégories comportant des millions d'individus, diversifiées en leur sein et n'incluant pas des situations extrêmes. Les plus nantis ne relèvent généralement pas des cadres mais de professions indépendantes et les plus dépourvus n'exercent pas de travail salarié. Ces inégalités sont d'autant plus importantes qu'elles sont appelées à se transmettre via l'héritage, et à se cumuler étant donné la différence de destin social des enfants de cadres ou d'ouvriers.

En bas de l'échelle

Il est courant de souligner le déclassement des cadres et d'invoquer le « descendeur social » selon le titre d'un ouvrage de Philippe Guibert et Alain Mergier publié en 2006. Pourtant le phénomène constitutif et majeur en France demeure la reproduction sociale, c'est-à-dire le maintien au même niveau d'une même parentèle d'une génération à l'autre. Et ce, aussi bien parmi les cadres que chez les employés et les ouvriers.

Entre 1977 et 2015, à suivre l'INSEE et à considérer la situation des individus entre 35 et 59 ans rapportée à celle de leurs parents, la mobilité sociale est restée globalement stable. Ce qui se vérifie particulièrement du côté masculin. En 2015, ce sont 51 % des fils de cadre, 53 % des fils d'employés ou d'ouvriers qualifiés, 66 % des fils d'employés ou ouvriers non-qualifiés qui appartiennent à la même catégorie que leur père. Inversement, seuls 18 % des fils de cadre sont devenus employés ou ouvriers. Du côté féminin, on note une variation sensible : les femmes sont plus nombreuses à connaître une forme d'ascension sociale par rapport à leur mère. La cause en est simplement une répartition au départ très différente entre les emplois et un effet consécutif de levier.

En gros, sur la quarantaine d'années considérée, on constate une certaine stabilité de la reproduction sociale. Dans le détail, pour ce qui est des écarts, on note un rapprochement jusqu'en 1993, puis une stagnation, voire un creusement aujourd'hui. La méritocratie républicaine est en crise. Compte tenu de la segmentation continue du marché scolaire, c'est-à-dire de la différenciation sans cesse accrue du niveau des établissements, les possibilités de promotion ne s'améliorent pas. L'engouement actuel pour les collèges et lycées privés, notamment en banlieue, illustre cette crise. En outre, les correctifs qui parfois apportés sont, pour dire le moins, illogiques. Lorsque les grandes écoles modifient leurs conditions d'accès au nom de l'ouverture, elles tendent à favoriser la diversité des origines plutôt qu'à rattraper les inégalités de condition et s'attachent ainsi à bonifier l'allure sans traiter du fond.

Comment mesure-t-on d'ailleurs l'inégalité ? Le niveau de vie n'en est pas le premier marqueur dans la mesure où le système sociofiscal tend à raboter les différences de revenus d'activité par l'impôt d'un côté et les prestations sociales de l'autre. Les écarts observés dans ce domaine sont relativement modestes comparés à ceux afférents au patrimoine. Il existe en outre des variations liées à la structure du ménage et aux situations d'existence, et à leur compensation par l'État.

Une telle approche dissimule en fait des réalités différentes au sein des catégories considérées. Pour les percevoir, il est d'usage d'établir le rapport entre le premier décile, les 10 % les plus modestes, et le dernier décile, les 10 % les plus aisés. Les cadres affichent un rapport interdécile de 3,2 alors qu'il est de 2,6 chez les employés, les professions intermédiaires et les ouvriers. Toutefois le niveau de vie moyen annuel de l'ouvrier se situe juste en deçà de celui de l'employé, à moins de 2 000 euros près. En d'autres termes, les ouvriers présentent d'autant plus d'homogénéité qu'ils se trouvent au plus bas de l'échelle des niveaux de vie.

Résumons. Les ouvriers n'ont pas disparu et constituent une catégorie socioprofessionnelle numériquement plus importante que celle des cadres. Ils exercent des métiers manuels et le plus souvent d'exécution qui comportent des opportunités d'évolution limitées. Ils manifestent des propriétés sociologiques propices à la reproduction intergénérationnelle de leur condition et disposent d'un niveau de vie relativement bas et homogène.

Si les ouvriers n'ont pas disparu, ils ont été inexorablement effacés au cours du demi-siècle écoulé. En tant que masse, la réduction tendancielle de leur nombre n'est pas annonciatrice de nouvelles opportunités, comme il en alla pour les paysans lors des Trente Glorieuses, mais d'une précarité aggravée. En tant que groupe, ils ont perdu l'essentiel du statut dont ils disposaient dans les représentations collectives. Les ouvriers étaient dominés mais porteurs d'une menace de bouleversement pour les uns, d'une promesse de progrès pour les autres. Si on ose l'écrire, ils exerçaient une hégémonie paradoxale. Ce temps n'est plus. Le terme de classe ouvrière est à la fois trop grand pour eux, tant leur conscience collective s'est radicalement abîmée, et trop étroit, tant leurs caractéristiques sont devenues semblables à celle d'autres groupes sociaux. Dès lors, dans sa réalité sociale comme dans son rôle politique, la classe ouvrière s'estompe derrière les classes populaires.

3

Les classes populaires, vaste continent englouti

La fortune de l'adjectif « populaire » ne se dément pas. Son usage en politique est plus ancien encore que celui de « bloc » puisqu'il est attesté depuis les élans révolutionnaires de 1789 et a fait les riches heures de la guerre entre les deux France sous la IIIe République avant d'être à son tour quelque peu délaissé puis, lui aussi, de réapparaître dans le vocabulaire ordinaire pour y être anathématisé ou glorifié.

La gauche s'y est souvent reconnue et la droite n'en a jamais eu peur malgré son hostilité au Front populaire de 1936 ou aux démocraties dites populaires d'après 1945. À droite, après l'Union pour un mouvement populaire, fondé en 2002 pour servir Jacques Chirac, on voit naître en 2010 la Droite populaire qui s'en veut d'abord un courant et qui finit par s'allier au Rassemblement national. À gauche, en 2021, à l'approche de la présidentielle, on entend Jean-Luc Mélenchon invoquer la nécessité d'une union populaire autour de sa personne cependant que d'autres espèrent le contrer en appelant à une primaire populaire. Dans la mesure où cette dernière initiative vient de milieux écologistes, urbains et diplômés, on ne peut s'empêcher d'y déceler, ultime avatar, une gentrification du terme. Comme si, après avoir grignoté les quartiers pour le coup réellement populaires des grandes villes, la nouvelle petite bourgeoisie – les bobos si l'on préfère – s'élançait à la conquête de l'univers sémantique de la classe ouvrière elle-même en pleine crise d'identité.

Cette faveur politique a son pendant dans le monde universitaire et plus généralement dans la description courante de la société, particulièrement dans la sphère médiatique. Une telle omniprésence s'explique par le caractère polysémique de l'épithète populaire – comment peut-on souhaiter ne pas l'être dans un pays démocratique ? – mais aussi par les rappels de son existence que le peuple sociologique, la nébuleuse « France d'en bas », exerce régulièrement dans le débat public. Pour qui ne s'en souviendrait pas, bien avant l'irruption des Gilets jaunes, il y eut la grève du secteur public de 1995 contre la réforme des retraites portée par Alain Juppé, puis le mouvement de 2006 contre le CPE, ou contrat première embauche, défendu par Dominique de Villepin. Ou encore, moins spectaculaire quoique plus décisif, l'année précédente, un certain 29 mai 2005, le succès socialement typé du Non au référendum sur le Traité constitutionnel européen.

Certes on ne mentionne plus guère la classe ouvrière, sinon au passé. Désormais on mentionne, et de plus en plus fréquemment, les classes populaires, y compris dans les médias à large audience. L'expression est séduisante, mais de quoi parle-t-on quand on s'y réfère ?

Populaires, peut-être, mais des classes, vraiment ?

Pour les sondeurs, les classes populaires existent de deux manières. D'abord, lorsqu'ils questionnent le répondant sur la classe sociale subjective en proposant généralement six modalités d'identification possibles dont l'une, entre les « classes moyennes modestes » et les « classes défavorisées », porte ce libellé. Assez peu de personnes choisissent cet item – à l'été 2021, 14 % de la population française en âge de majorité. Ensuite, lorsqu'ils commentent les résultats, il leur est courant de synthétiser dans leurs études l'opinion exprimée par ce terme de classes populaires. Il correspond alors à la moyenne des réponses des actifs ouvriers ou employés, autrement désignés par le déplaisant « CSP- » pour « catégories socioprofessionnelles inférieures ».

Cette simplicité d'usage a ses avantages et l'on ne saurait trop rappeler l'excellence du travail accompli par les concepteurs de la nomenclature française de ces catégories, heureuse exception qui nous permet de disposer depuis l'après-guerre d'une extraordinaire clef de lecture de notre société. Là où de nombreux autres pays se sont arrêtés au classement par strates de revenus, l'INSEE est parti des professions exercées pour effectuer des regroupements dotés d'une certaine homogénéité sociale. L'outil ainsi bâti prend notamment en compte le métier de la personne, son statut juridique, sa qualification, sa place dans la hiérarchie de l'entreprise ou de l'établissement administratif, parfois le secteur d'activité, ainsi que pour les chefs d'entreprise le nombre de salariés qu'ils dirigent. Il n'a de concurrent que le projet analogue auquel travaille Bruxelles, l'ESeC, ou *European socio-economic classification*, qui reste toutefois de moindre intérêt sinon par les comparaisons qu'il facilite entre les différents ensembles sociaux de l'Union.

Au regard de cette nomenclature, le regroupement des attitudes et comportements des ouvriers et employés sous le vocable commun de classes populaires ne paraît pas infondé et s'avère souvent convaincant, à la condition d'en connaître le caractère restrictif – par exemple l'omission des anciens ouvriers et employés inscrits dans la catégorie des retraités – et surtout oublieux des difficultés afférentes à la notion même de classe sociale qu'une telle appellation induit – dont sa validité théorique et son possible caractère idéologique.

Le problème majeur que pose le terme de « classes populaires » est bien celui de leur définition. Il ne se cantonne pas à leur étendue, c'est-à-dire aux catégories que l'on doit y intégrer ou en exclure, mais porte sur leur nature même. L'alliage n'est ni naturel, ni stable entre un terme du lexique marxiste, la « classe », qui circonscrit une place dans le processus de production, et un adjectif commun, « populaire », qui est aussi imprécis que multiforme. De surcroît, le pluriel de la formule ajoute au flou de la notion. C'est pourquoi dès 1997, à une époque où le concept de classe sociale était délaissé au profit de représentations symboliques et individualisantes, le sociologue Olivier Schwartz rédigea un mémoire précisément intitulé : « Peut-on parler des classes populaires ? ». Là est en effet la question et il importe donc de s'attarder sur cet article précurseur.

Revenant sur l'objet de sa recherche, les populations faiblement dotées en ressources économiques, en diplôme et en statut professionnel, Olivier Schwartz note tout d'abord que « la notion de classe ouvrière, dont on sait la place qu'elle avait occupée dans les écrits des sociologues du travail jusque dans les années 1970, ne suffisait à l'évidence plus pour désigner ces groupes, ne serait-ce que parce que ceux-ci étaient composés en grande partie de salariés des services ». De là, le propos se développe en trois temps. Il s'agit initialement d'envisager l'intégration des employés dans une sorte de classe ouvrière élargie. Puis d'entériner cette extension en requalifiant le nouvel ensemble. Enfin de lui attribuer une épithète de substitution. En l'occurrence, « populaire ». Or, dans son acception savante aussi bien que dans son usage commun, le mot renvoie au rapport culturel par lequel la masse se distingue du reste de la société. Ce qui entraîne, on le sent bien, que le label de culture populaire désigne à la fois un fait de séparation et, qu'on l'assume ou non, une forme d'infériorité. Sera populaire, en conséquence, tout ce qui encourra un quelconque soupçon en légitimité de l'élite.

Dès lors, Olivier Schwartz peut postuler que « la notion de classes populaires, prise en tant que catégorie sociologique, fait référence à des groupes qui se définissent par la conjonction d'une position sociale dominée et de formes de séparation culturelle ». Ayant d'ores et déjà oblitéré la dimension matérielle qu'implique la définition normative de la classe, il s'en éloigne encore davantage. Sauf à considérer d'une part que la domination sociale qu'il évoque est concrète avant d'être symbolique et, d'autre part, que la différence culturelle dont il argue est essentiellement le produit de cette position. À ces conditions, on rapprocherait à grandes foulées les catégories populaires de la notion de classe sociale. Encore faudrait-il que la similitude des conditions objectives entre leurs composantes s'accompagne de positions communes sur les enjeux politiques du moment, voire, dans une hypothèse haute, de la conscience partagée d'appartenir à un ensemble séparé du reste de la société assez consistant pour qu'il puisse faire bloc. Et c'est là, plus épineuse, la question dans la question.

Le salariat d'exécution

Quelle réflexion théorique s'impose afin que la notion de classes populaires ne constitue pas, comme le dit le sociologue François Dubet, un « concept mou » fondé sur une « vague homogénéité culturelle tempérée par le pluriel » et dénonçant une « situation de domination sans rien dire des rapports sociaux qui fondent cette domination » ? Le risque de dilution du sens apparaît d'autant plus grand que le qualificatif sociologique de « populaire » est souvent utilisé comme un synonyme de termes aussi diffus et réversibles dans d'autres domaines. Ainsi en politique « plébéien » ou « prolétarien » et, plus négativement, sur le plan idéologique « populacier » ou « populiste ». Ou encore, dans le langage courant, le stigmatisant ou fascinant « populo ».

Pourtant, plutôt que postuler une mentalité commune à des univers sociaux disparates, il est loisible de repérer des éléments concrets de rapprochement. L'un d'entre eux, et non le moindre, est l'appartenance à un salariat d'exécution qui constitue une condition partagée par les ouvriers et les employés. Pour cette démarche, un ouvrage s'impose, celui publié en 2015 et intitulé *Sociologie des classes populaires contemporaines*, rédigé par Yasmine Siblot, Marie Cartier, Isabelle Coutant, Olivier Masclet et Nicolas Renahy. Ce faisant, on s'éloigne d'un réflexe fréquent dans l'ancien mouvement communiste qui, en fétichisant la figure de l'ouvrier de la grande industrie, tendait à assimiler les travailleurs modestes du secteur tertiaire à la petite bourgeoisie.

Mais le renversement des valeurs prévaut aussi en sciences humaines et sociales. Autrefois, la tendance était à objectiver l'authenticité de la classe ouvrière quitte à éliminer tout ce qui pouvait ressembler à une impureté sociale. Désormais, à l'heure où la subjectivité est tant valorisée, le risque est plutôt d'amalgamer un vaste ensemble d'éléments hétéroclites qu'une supposée culture populaire unifierait. Alors que l'on ne peut guère ignorer combien ladite culture s'est diluée et diffractée sous l'influence notamment des nouveaux codes éducatifs et médiatiques.

Un rapide examen des conditions objectives des groupes sociaux concernés permet cependant de constater que des liens solides les raccordent, lesquels sont autant de facteurs d'homogénéité entre eux et de séparation par rapport à d'autres. Il ne s'agit pas ici, contrairement à ce qu'écrit Olivier Schwartz, « d'unifier des groupes dominés sous une dénomination commune », l'idée de domination se prêtant à trop d'interprétations erratiques et contradictoires. Il s'agit de repérer les identifiants assimilables à une classe sociale par-delà les multiples différences qui peuvent exister entre diverses catégories socioprofessionnelles.

Une telle approche se heurte bien sûr au déni de ceux qui, soit tenants d'une nouvelle union des droites, soit partisans d'une nouvelle gauche plurielle, valorisent les clivages culturels, cultuels, ethniques, sexuels au point de démettre ou de dévaloriser toute analyse de classe. Cette opération se fait le plus souvent en invoquant une conscience politique des milieux populaires plus grande qu'elle ne le fut jamais et en se référant à des « grands récits » révolutionnaires disparus auxquels on prête rétrospectivement une puissance disproportionnée. Une telle mythologie professée depuis une quarantaine d'années a pour principal effet d'écraser la perception des réalités contemporaines. À commencer par la persistance de vastes pans de la population active qui ont en partage le fait de subir l'exploitation et d'en connaître l'injustice.

C'est à ce point que l'on peut reprendre l'observation d'Olivier Schwartz : « L'historien parti à la recherche du prolétariat découvre en fait tout un complexe de situations sociales – ouvrière, paysanne, artisanale, et même petite patronale – enchevêtrée les unes dans les autres. » Mais pour en tirer une leçon bien différente. Non pas pour nier l'évidence. Il va de soi, aujourd'hui comme hier, qu'aucun terme social de quelque portée ne recouvre une situation uniforme. Il est toujours possible, et tout travail de recherche sociologique s'y emploie, de déconstruire n'importe quelle notion et de décomposer toute réalité. Ce qui n'empêche pas la réalité de surprendre la représentation.

Le thème de l'archipélisation, initié par Emmanuel Todd et argumenté par Jérôme Fourquet, en fournit un bel et fort exemple. Cette description de la société si juste dans son détail minore les processus de polarisation. Elle ne rend pas compte des comportements groupés que l'on observe lorsque les Français doivent exprimer leurs opinions, réagir à un problème politique ou encore choisir un candidat à la présidentielle. À l'heure du scrutin primordial, la géographie électorale parle, la sociologie des votes également et les digues intellectuelles niant les clivages sociaux s'effondrent. C'est précisément le moment où l'on constate la convergence des employés avec les ouvriers, une proximité qui se joue en amont de leur acte politique.

Une armée de renfort

L'homme sortant de l'usine en salopette bleue, entouré de ses compagnons de peine sur fond de cheminées fumantes, ne se rencontre plus guère. La robotisation ainsi que les délocalisations sont passées par là et, aux clichés altiers d'une classe ouvrière laborieuse et combative, se sont substituées les lamentables images de friches occupées dans la triste espérance d'un plan social plus généreux ou d'un repreneur moins désastreux. Le déclin du secteur industriel s'est accompagné du développement du secteur tertiaire. C'est au sein de cette mutation générale que les employés ont pris le pas sur les ouvriers et, depuis 1993, les premiers sont plus nombreux que les seconds. Cumulées, les deux catégories représentent aujourd'hui près de la moitié des actifs en France. Or, loin de constituer l'amorce d'un processus de moyennisation des conditions sociales, la croissance du groupe « employés » confère au contraire tout son sens au concept de classes populaires.

En 2018, parmi les individus qui composent la population active, 27,5 % sont des employés et 19,8 % des ouvriers. On constate cependant qu'en proportion, sur les dernières années, ces deux groupes connaissent un recul assez notable tandis que progressent les cadres et professions intellectuelles supérieures, à hauteur de 18,4 %, et surtout le vaste et composite ensemble des professions dites intermédiaires qui atteint 26 %. Ces chiffres varient à la marge si l'on considère la population en situation effective d'exercice, le taux de chômage étant beaucoup plus important chez les ouvriers et employés. À cette remarque près, la France, en 2018, compte donc 7,3 millions d'employés et 5,3 millions d'ouvriers sur une population active de 26,6 millions de personnes. Soit, ensemble, 47,3 %, cette proportion ayant été de 60,7 % en 1975 et s'établissant encore à 51,8 % en 2009. La décrue est nette tout autant que le poids cumulé demeure considérable.

De qui est faite la catégorie « employés » ? D'abord dans la sphère civile, ce sont à hauteur de 32 %, des agents de service de la fonction publique attachés pour une large part aux collectivités territoriales auxquels s'ajoutent 7 % de militaires et de policiers. Ensuite, dans la sphère privée, ce sont à hauteur de 20 % des assistants administratifs d'entreprise et, pour près du quart, 24 %, des auxiliaires des services aux particuliers, aides à domicile, gardes d'enfants, personnels de ménage, de voiturage ou de conciergerie, salariés des salons de coiffure, bars, restaurants et autres lieux de distraction. Enfin, 17 % sont des préposés de commerce, caissiers, accompagnateurs de libre-service, vendeurs, télévendeurs, etc.

À cette population exerçant des métiers si divers convient parfaitement l'appellation que le sociologue Alain Chenu lui a accolée dans son étude parue en 1991, *L'Archipel des employés*, et devenue classique depuis. Ses membres ont néanmoins des traits en commun dont une rémunération assez basse et d'ailleurs inférieure à celles des ouvriers. En 2018, leur salaire net horaire moyen est 10,90 euros au lieu de 11,40 euros pour les ouvriers. Dans les deux cas il se situe nettement en dessous de celui des cadres – 27,40 euros – et, pour autant qu'une moyenne ait un sens pour un ensemble aussi composite, de celui des professions intermédiaires – 15,20 euros. La proximité du revenu moyen est bien loin de suffire pour souder deux vastes groupes socioprofessionnels et encore moins pour les fusionner. Mais la faible rémunération des employés est un indice sérieux que leur situation sociale n'est pas nécessairement bien supérieure à la condition ouvrière.

La proximité entre employés et ouvriers ne tient pas qu'au niveau de revenu mais provient aussi de la parenté d'emploi et de l'imbrication des tâches dont témoigne la nomenclature INSEE. Comme le rappelle Alain Chenu, selon le statut de leur employeur, les chargés de nettoyage peuvent être répertoriés en employés (chez les particuliers) ou en ouvriers (dans les entreprises) ; au sein de la filière de restauration, les cuisiniers qualifiés sont classés ouvriers, les non-qualifiés employés ; dans les grandes surfaces, ceux qui remplissent les rayons de produits sont des employés, ceux qui acheminent les chariots de produits sont des ouvriers. Et ainsi de suite.

Ces curiosités ont d'intéressant qu'elles sont rendues possibles par la fréquente similitude des postes de travail des ouvriers et des employés. Au fil des transformations économiques, on observe également une migration immobile des salariés qui occupent des emplois catégorisés comme ouvriers vers d'autres, peu différents, qui relèvent désormais de la catégorie des employés. Constatant à son tour que « de nouveaux prolétaires, une nouvelle classe de service, prend progressivement la place des anciens prolétaires de l'industrie », le sociologue Olivier Galland note que la catégorie des employés comprend, outre les sous-ensembles caractéristiques déjà décrits, « une partie des professions intermédiaires (dans le domaine de la santé notamment) et des petits indépendants (fonctions de logistique et de transport par exemple) » ainsi qu'« une bonne partie des travailleurs immigrés ».

Ce monde en soi hétérogène est donc divisé de surcroît par divers facteurs dont la capacité d'autonomie, la possession de l'outil, la nationalité, ou la proche origine nationale souvent invisible, et beaucoup d'autres. Il n'en inclut pas moins ce que l'on appelle couramment les travailleurs pauvres qui ressortent essentiellement du secteur privé et qui, par bien des aspects, ressemblent aux ouvriers de l'économie précapitaliste ou au petit peuple citadin du XIXe siècle, l'État social en plus.

Il faut ajouter un critère de proximité éminemment concret entre les ouvriers et les employés. S'ils disposent de revenus similaires, logent dans les mêmes quartiers, occupent peu ou prou une place identique dans la hiérarchie sociale, de manière fréquente, ils vivent en ménage. La mesure la moins ancienne, datant néanmoins d'une vingtaine d'années, établit que, si l'on s'en tient à la caractérisation socioprofessionnelle, le couple le plus répandu en France est constitué d'un ouvrier et d'une employée. De fait, en matière de genres, les courbes se croisent : huit ouvriers sur dix sont des hommes et trois employés sur quatre sont des femmes.

Il est nul besoin, donc, de recourir à d'hypothétiques considérations sur les mentalités populaires et de requérir de perceptibles insularités culturelles pour discerner un continuum entre ouvriers et employés. D'autres indicateurs envoient le même message, à commencer par le patrimoine net médian. Il est chez les employés de 25 300 euros, soit moins que celui des ouvriers qualifiés. Mais il est entre trois et quatre fois inférieur à celui des membres de professions intermédiaires qui se situe pour sa part à 91 100 euros. Si l'on peut considérer que l'appartenance à cette dernière catégorie, très disparate, constitue souvent un sas d'entrée vers l'univers des classes moyennes, tel n'est pas le cas, à l'évidence, pour les employés.

Outre celui du patrimoine net médian, le critère du type de logement occupé renseigne également sur la place des employés dans la structure sociale. Il apparaît qu'ils sont plus souvent que les ouvriers locataires en HLM et qu'ils constituent la part la plus congrue de la grande comptabilité dressée par l'INSEE des Français propriétaires de leur résidence principale : seulement un tiers environ des employés y figure, soit deux fois moins que les cadres. Et ce, sans retenir la valeur de la propriété car l'écart devient alors abyssal.

Toutes ces mesures et proportions montrent que chez les ouvriers et les employés en France les traits communs l'emportent de loin sur les différences apparentes. Elles démentent la représentation courante, empruntée au monde anglo-saxon, qui tend à différencier les « cols bleus », les ouvriers, des « cols blancs ». Elles rassemblent les ouvriers et les employés dans l'appartenance commune à un vaste milieu social. Cependant, il en faut plus pour que l'on puisse parler à leur sujet de classes populaires au sens opératoire du terme.

Un destin concret

Le 13 avril 2020, au cœur du premier confinement sanitaire imposé par la pandémie de la Covid-19 et dans l'incapacité de l'endiguer, dans son adresse télévisée regardée par 36 millions de Français, le président de la République eut ces mots inattendus : « Il nous faudra nous rappeler aussi que notre pays, aujourd'hui, tient tout entier sur des femmes et des hommes que nos économies reconnaissent et rémunèrent si mal. Les distinctions sociales ne peuvent être fondées que sur l'utilité commune. Ces mots, les Français les ont écrits il y a plus de 200 ans. Nous devons aujourd'hui reprendre le flambeau et donner toute sa force à ce principe. »

De qui parlait-il, face aux caméras, depuis son bureau de l'Élysée ? Des personnes qui composaient ce qu'il appelait la première ligne – « Nos fonctionnaires et personnels de santé, médecins, infirmiers, aides-soignants, ambulanciers, secouristes, nos militaires, nos pompiers, nos pharmaciens » – et de celles qu'il postait, filant la métaphore militaire ou sportive, en deuxième ligne non sans souligner leur importance également cruciale : « nos agriculteurs, nos enseignants, nos chauffeurs routiers, livreurs, électriciens, manutentionnaires, caissiers et caissières, nos éboueurs, personnels de sécurité et de nettoyage, nos fonctionnaires, nos journalistes, nos travailleurs sociaux, nos maires et élus locaux ». Tout invite à penser que le chef de l'État, lorsqu'il évoquait le rattrapage financier et symbolique à opérer, songeait d'abord aux nombreux métiers qui, dans ces deux listes, sont occupés par des ouvriers et employés.

Qui sont-ils ? Par la place hiérarchique de leur emploi, il s'agit pour l'essentiel de salariés d'exécution. Des actifs invisibles, ou presque, qui connaissent une faible rétribution financière et symbolique, sauf sur ce dernier point lors de crises exceptionnelles. Des agents subalternes et remplaçables dont les perspectives d'évolution sont nulles ou presque et chez qui l'idée de prospérer se confond avec l'espoir de se maintenir en place, sans dégradation des conditions de vie ni, pire, être réduit à l'état de chômeur. Des travailleurs néanmoins qui n'ont pu entendre qu'avec tristesse la malheureuse phrase qu'Emmanuel Macron a prononcée le 29 juin 2017 lors de l'inauguration à Paris de la Station F, un campus pour start-up installé dans l'ancienne halle ferroviaire Freyssinet : « Une gare, c'est un lieu où on croise les gens qui réussissent et les gens qui ne sont rien. »

Ces individus constituent, si on les définit par l'emploi qu'ils occupent, une immense population laborieuse prioritairement exposée à la pauvreté et à la précarité. Ils représentent la majorité des salariés payés au Smic horaire, environ deux millions de personnes, plus d'un tiers étant des ouvriers et plus de la moitié des employés. Dans certains cas dérogatoires, qui concernent des centaines de milliers d'entre eux, et ceci en toute légalité, le salaire versé est inférieur au Smic horaire, par exemple pour les apprentis ou les assistantes maternelles. Quant au chômage, par rapport aux cadres, ils y basculent deux fois plus s'ils sont des employés, trois fois plus s'il s'agit d'ouvriers.

Pour eux le revenu du travail est essentiel mais le salaire indirect constitué par les prestations sociales représente 10 % de leur revenu global. Leur « reste à vivre » financier mensuel est donc des plus réduits et leur vie sociale est le plus souvent marquée par un stress permanent, toute dépense inattendue pouvant emporter des conséquences dramatiques. De manière tout à fait naturelle, et le phénomène des Gilets jaunes l'a rappelé, l'argent n'est jamais aussi important que lorsqu'il manque.

Dans leur existence sociale concrète, employés et ouvriers partagent donc beaucoup. Les traits qui caractérisent leur situation sont un bas salaire, un métier souvent pénible physiquement et rarement satisfaisant intellectuellement, un travail contraint dont le terme est vécu avec une satisfaction particulière, qu'il s'agisse de la fin de la journée, de l'arrivée du week-end ou bien encore du départ à la retraite.

Fréquemment leur labeur s'accompagne, nombreuses et variées, de-souffrances réelles. Évoqué avec insistance au temps où les conflits sociaux mettaient au-devant de la scène les OS rivés aux chaînes de production et leur plainte d'avoir à subir des cadences infernales, le rapport négatif au travail n'a pas disparu. Aujourd'hui encore, pour certains ouvriers mais aussi employés, les dégâts corporels ou psychiques que leur inflige leur activité ne relèvent pas d'un roman de Dickens mais de l'expérience vécue et intime. Ensuite, assujettis comme ils le sont pour l'essentiel à un contrôle strict, ils se retrouvent privés, malgré le néodiscours managérial, de toute véritable autonomie dans l'exercice de leur métier. Enfin ils n'ont guère de possibilité d'évolution dans le cadre de l'emploi salarié en raison à la fois de leur manque de diplômes et de l'immobilisme d'une structure socioprofessionnelle qui, depuis la fin des dites Trente Glorieuses, n'évolue plus guère.

Une place similaire

Faible revenu, travail pénible, autonomie réduite et parcours de carrière très court, tels sont les principaux traits du salariat d'exécution. S'y retrouvent pour la plupart les ouvriers et les employés pour qui ces critères sont les mêmes. La densité, matérielle ou non, des labeurs qui leur incombent ne joue plus un rôle distinctif. L'ancienne division entre travail manuel et travail intellectuel persiste dans les catégorisations professionnelles mais elle a perdu l'essentiel de sa pertinence sociologique. Nous voyons ainsi dans leur réalité les éléments concrets unifiant les classes populaires.

Comme le rappelle Florent Gougou dans la passionnante thèse qu'il a soutenue en 2012, *Comprendre les mutations du vote des ouvriers*, « contrairement à la classe subjective, qui peut être réduite à un sentiment d'appartenance, la classe objective met en jeu plusieurs caractéristiques sociales dont l'articulation est incertaine. De manière générale, trois éléments doivent être combinés pour rendre compte de la dimension culturelle, économique et sociale des classes : le niveau d'instruction, le revenu et la profession. Des éléments supplémentaires peuvent également leur être associés, notamment la nature du contrat de travail et le secteur d'activité. » On voit ici combien les catégories de l'INSEE jouxtent la notion de classes objectives, ou classes en soi, et l'on constate qu'à la diversité des métiers et des situations correspond en effet une certaine unité générique de situation.

De plus, comme le rappelle Florent Gougou, « le primat de la profession sur le revenu et sur l'instruction repose sur de très solides arguments théoriques. D'une part, le travail est un lieu primordial dans la construction de l'identité sociale des individus, l'instance de socialisation au sein de laquelle ils passent le plus de temps dans leur vie. D'autre part, la profession peut être conçue comme l'interface entre niveau d'instruction et niveau de revenu, et donc comme une synthèse de la condition de classe. » Il s'agit dès lors non seulement d'évoquer la modicité partagée de la condition matérielle, mais aussi le sentiment d'une utilité sociale mal récompensée – voire, en termes simples, d'une exploitation.

Ces mutations donnent consistance à la notion de classes populaires dont les ouvriers et les employés forment les principaux bataillons, mais non les seuls car on peut leur adjoindre nombre de travailleurs indépendants et, bien entendu, de retraités. Or, de cette expression, le discours dominant retient l'adjectif, « populaire », dont il s'accommode volontiers car il est déclinable à l'envi. Il traite le substantif, « classes », avec plus de réserve et surtout plus de désinvolture. C'est pourtant le plus important des deux mots.

À l'occasion de la crise de la Covid-19, le pays l'a pleinement réalisé et Emmanuel Macron a su s'en faire l'écho : le rôle économique et social des ouvriers et employés est apparu pour ce qu'il est, essentiel. C'est également ce que l'expert des relations sociales, Denis Maillard décrit, les caractérisant comme le *back office* de la société de services dans son livre au titre parlant, *Indispensables mais invisibles*. En employant une terminologie quelque peu différente, le président de la République lui-même s'est attaché à définir et souligner leur place dans l'appareil de production. Il aurait pu également, pur jeu de l'esprit, leur associer la notion de classe en soi. Ou encore parler de la classe populaire, au singulier, quoiqu'il faudrait alors pouvoir constater une représentation subjective commune aux éléments distincts qui la composent, ce qui n'est pas exactement le cas.

Les ouvriers et les employés se pensent rarement comme un groupe autonome et unifié. Mais, à l'heure des grands rendez-vous politiques, ils ne constituent pas moins une communauté de choix, de préférence et de refus. Se profile ici la première condition de possibilité d'un bloc populaire. Elle paraît remplie. Assurément les clivages internes existent, assurément les registres traditionnels de la protestation sociale sont en crise, assurément l'expression politique que s'était donnée le monde ouvrier a disparu. Mais les catégories populaires forment un ensemble dont les récents mouvements sociaux ont montré la réalité.

Assurément aussi, deux grandes fractures sont apparues lors de ces mobilisations contestataires. D'une part, les personnes issues de l'immigration extra-européenne étaient peu présentes dans les rassemblements des Gilets jaunes de l'hiver 2018. D'autre part, les salariés du public se sont mêlés assez peu aux travailleurs pauvres du privé à cette occasion, et inversement ils ont été entre eux lors des manifestations contre la réforme des retraites en décembre 2019. Ces divisions, pour être réelles, n'annulent pas pour autant l'autonomisation politique de nombreux actifs situés en bas de l'échelle sociale.

Qu'on les désigne par le terme de « classes populaires » ou sous le vocable de « gens ordinaires », il s'agit désormais d'envisager la traduction électorale que peut revêtir ou non leur réveil.

4

Les fondations électorales du bloc populaire

L'existence du bloc élitaire se déduit et se vérifie à partir du comportement électoral et des tendances d'opinion qui sont repérables au sein de certaines catégories sociales. Sans l'inclination des cadres supérieurs et des retraités aisés en faveur d'Emmanuel Macron à la présidentielle de 2017, sans l'accentuation de cette orientation lors des européennes de 2019 et sans sa persistance dans les sondages d'intentions de vote pour 2022, on pourrait peut-être débattre du projet hégémonique de certaines élites, mais non pas affirmer la mobilisation effective d'une base politique sociologiquement typée au service d'un projet idéologique précis.

On doit également constater que si lors des scrutins locaux, les municipales, les départementales et les régionales, la gauche et la droite maintiennent peu ou prou leurs positions, lorsqu'il s'agit de se déterminer sur des enjeux nationaux, élections européennes incluses, le bloc élitaire manifeste son existence dans les urnes. Il le fait en empruntant la même voie qu'avait ouverte le corps électoral français lors des référendums de 1992 sur le traité de Maastricht et de 2005 sur le Traité constitutionnel européen, quand il s'était affranchi de la bipolarité pour dessiner un tout autre paysage. De manière symétrique aux composantes du bloc élitaire, les classes populaires se sont progressivement déliées de leurs attaches partisanes, provoquant à partir des élections municipales de 2014 l'effondrement du Parti socialiste et de ses alliés.

Cette évolution vient de loin et pour l'heure profite avant tout au Rassemblement national et à Marine Le Pen. Ce qui pose directement la question de savoir quelles peuvent être les bases politiques d'un bloc populaire qui, dans sa construction sociale, inclurait pour l'essentiel les ouvriers, les employés et les travailleurs indépendants, professions libérales exclues.

L'évolution du vote ouvrier

La présence massive d'un vote ouvrier en faveur du Front national devenu le Rassemblement national relève aujourd'hui de l'évidence même si son ampleur est fréquemment sous-estimée tout comme la rapidité de son développement somme toute récent. Lors de la première élection présidentielle où Jean-Marie Le Pen connaît un résultat significatif – 14,4 % des suffrages exprimés en 1988 –, il emporte 19 % du vote ouvrier. Celui-ci ne constitue cependant pas sa principale zone de force. À cette époque il fait bien mieux, 27 %, parmi les artisans, commerçants et chefs d'entreprise tandis qu'il réalise un bon score chez les cadres du secteur privé. Le Front National dispose encore d'un électorat interclassiste et sa percée dans les beaux quartiers de 1984 n'est pas encore annulée. On peut alors parler en termes surannés, pour reprendre la formule de la politiste Nonna Mayer, de l'alliance de la boutique et de l'atelier, cohérente avec l'étiquette d'extrême droite que le mouvement porte.

La percée principale s'effectue durant le second septennat de François Mitterrand puisqu'en 1995 Jean-Marie Le Pen recueille 30 % du vote ouvrier, soit le double de la moyenne générale, mais seulement 14 % chez les travailleurs indépendants. Ce qui fait dire à Pascal Perrineau que « pour la première fois de son histoire, un courant d'extrême-droite connaît en France un véritable enracinement populaire ». Si la formule de « gaucho-lepénisme » que cet éminent professeur de sciences politiques utilise initialement fait débat, la réalité du terme qu'il conçoit par la suite, l'« ouvriéro-lepénisme », est indéniable.

Ce phénomène correspond à une déprise du Parti communiste et du Parti socialiste sur le vote ouvrier tout aussi bien qu'à une radicalisation des ouvriers votant auparavant à droite. Il apparaît en effet dépendant de l'alternance et plus précisément de l'action de la gauche au pouvoir. On peut juger ce comportement vindicatif mais on ne peut ignorer la forme de rationalité politique qui le sous-tend. Elle est en fait d'ordre mécanique.

Selon une longue tradition, c'est l'exécution d'un rôle providentiel que l'électorat populaire attend des mouvements sociaux-démocrates. Leurs politiques publiques sont censées compenser les dégâts sociaux du capitalisme, que ce soit par l'amplification du droit du travail, la redistribution financière via l'impôt ou le développement de l'emploi public. Malgré bien des déboires, le premier septennat de François Mitterrand a apporté des avancées concrètes à la condition salariale, ce qui n'a pas été le cas du second à partir de 1988.

Lors de la troisième cohabitation, de 1997 à 2002, la ligne gouvernementale de Lionel Jospin à Matignon apparaît dirigée vers les classes moyennes et d'abord à leur bénéfice social. Le lien électoral des ouvriers avec la gauche se distend et dépend de plus en plus du rapport de crainte ou de déception que la droite gouvernementale peut susciter. Aussi, tant que l'alternance gauche-droite paraît porteuse de changements, le vote ouvrier en direction du Front national peine-t-il à se stabiliser. À la présidentielle, la part des bulletins « Jean-Marie Le Pen » parmi les suffrages exprimés régresse même. Il chute de 24 % en 2002 à 16 % en 2007. Ce dernier scrutin est marqué non seulement par l'effondrement du vote ouvrier se portant sur un candidat de gauche – 35 % pour Ségolène Royal au lieu de 63 % encore pour François Mitterrand au premier tour de la présidentielle de 1988 – mais aussi et surtout par le haut score que recueille en parallèle la droite. Le 6 mai 2007, le discours atypique de Nicolas Sarkozy lui permet de recueillir 52 % dans cet électorat, très loin des 28 % obtenus par Valéry Giscard d'Estaing le 10 mai 1981. Les ouvriers semblent alors rejoindre une certaine normalité électorale après s'être successivement débarrassés de l'emprise communiste puis de l'influence lepéniste.

Le tournant national

Il faut attendre l'élection de Marine Le Pen à la tête du parti lors du congrès de Tours en janvier 2011 pour que soit relancée la dynamique auprès des ouvriers. Ceux-ci ont été triplement déçus par Nicolas Sarkozy, qui leur paraît n'avoir tenu aucune de ses promesses. Ni sur la sécurité, ni sur l'immigration et encore moins sur le pouvoir d'achat. Au premier tour de 2012, leur vote en faveur de la candidate du Front national atteint 29 % selon IPSOS, 33 % selon l'IFOP, dix à quatorze points au-dessus de son résultat d'ensemble.

Cinq ans plus tard, le 23 avril 2017, il atteint 37 % alors que le score de Marine Le Pen est de 22 % en moyenne des suffrages exprimés. C'est désormais un surcroît de quinze points qu'elle obtient chez les ouvriers. Deux semaines plus tard, le 7 mai 2017, elle recueille un peu plus de 34 % chez l'ensemble des votants, mais culmine à 56 % dans cette catégorie sociale – vingt-deux points de différence – au moment où Emmanuel Macron triomphe parmi les cadres supérieurs (82 %) et les retraités (74 %). Le premier tour a entre-temps confirmé l'incapacité de la gauche à maîtriser le vote ouvrier : si Jean-Luc Mélenchon en recueille 24 %, elle ne dépasse pas, une fois ajoutés les résultats de Benoît Hamon et des deux candidats trotskistes, 33 %.

Les premières années du quinquennat d'Emmanuel Macron vont avoir pour effet de renforcer l'orientation électorale des ouvriers. Aux européennes de 2019, la liste du Rassemblement national conduite par Jordan Bardella rassemble 40 % de leurs suffrages exprimés. Le score cumulé des listes de gauche ou écologistes n'y est que de 31 % et celui de la liste LREM que de 12 %. Chez les employés, le Rassemblement national réalise un résultat élevé, 27 %, mais inférieur d'une quinzaine de points au total à toutes les listes situées à la gauche de LREM. Cette lecture sociologique du scrutin européen est encore plus nette si l'on considère que seulement 13 % des cadres supérieurs et membres de professions intellectuelles choisissent la liste Bardella, au lieu de 28 % la liste soutenue par LREM et 40 % une des listes de gauche ou écologistes.

En mars 2021, un sondage IFOP constate que 48 % des ouvriers voteraient pour Marine Le Pen au premier tour de la présidentielle de 2022. Ils ne seraient que 16 % à choisir Emmanuel Macron et 14 % Jean-Luc Mélenchon. Le score cumulé des candidats de gauche, y compris en intégrant la totalité des électeurs qui se porteraient sur Yannick Jadot au cas où il serait le candidat écologiste, ne dépasserait pas les 23 %. Dans l'univers proche des employés, qui ont souvent un ascendant direct ou un conjoint ouvrier, la présidente du RN obtiendrait un score presque aussi élevé, 46 %. Au second tour, non seulement Marine Le Pen recueillerait 67 % du vote ouvrier face à Emmanuel Macron, mais ce score serait encore légèrement supérieur, 69 %, dans l'hypothèse où elle devrait affronter Anne Hidalgo, la candidate soutenue par le Parti socialiste.

Six mois plus tard, en septembre 2021, après des régionales décevantes pour le Rassemblement national en raison notamment de la forte abstention qui a déséquilibré le corps électoral au bénéfice des retraités, ces tendances se trouvent confirmées dans les sondages. On observe un réalignement de très grande ampleur du vote des ouvriers d'abord, du vote des employés ensuite, en faveur de Marine Le Pen.

Pour simplifier, dans la dernière année du quinquennat qui s'est ouvert en 2017, parmi ceux qui disent vouloir aller voter en 2022, on peut estimer que près d'un ouvrier sur deux et d'un employé sur trois choisiraient au premier tour la candidate soutenue par le Rassemblement national tandis que toute la gauche recueillerait un quart seulement de ces actifs classés en CSP-. Au second tour, face à Emmanuel Macron, dans la situation qui voit Marine Le Pen créditée d'environ 45 % des intentions de vote, les deux tiers des ouvriers et employés se porteraient sur elle, ce qui serait aussi le cas de six commerçants ou artisans sur dix. Ces trois catégories socioprofessionnelles, et plus particulièrement les ouvriers, constituent donc les principales zones de force du vote lepéniste.

L'abstention, premier parti ouvrier ?

Doit-on relativiser ces scores en arguant qu'il est des ouvriers qui ne votent pas et en reprenant en chœur l'antienne des porte-parole de la

France insoumise, « le premier parti ouvrier, ce sont les abstentionnistes », idée également répandue dans nombre de publications universitaires ? C'est plus que risquer le trompe-l'œil. Comme le rappelle Pascal Perrineau, « indépendamment du fait qu'on ne peut assimiler choix politiques et non-choix, orientations électorales et refus de l'engagement électoral, ces analystes oublient que toutes les catégories sociales sont aujourd'hui touchées par l'abstention ».

Au premier tour de la présidentielle de 2017, si l'abstention concerne 29 % des ouvriers inscrits sur les listes électorales, elle est de 22 % chez les cadres et, en moyenne générale, de 22,7 %. En fait, la principale différence n'est pas d'ordre professionnel mais statutaire : seuls 13 % des retraités ne se sont pas rendus aux urnes, deux fois moins que les salariés. En 2019, les élections européennes confirment ce tableau. On observe 65 % de participation parmi les retraités au lieu de 51 % pour l'ensemble de l'électorat, l'écart n'étant pas considérable avec la moyenne des ouvriers qui est de 45 %.

Envisageons l'ensemble du corps électoral, abstentionnistes inclus. Sur la base des études réalisées le jour du scrutin ou à proximité immédiate, il faut considérer que, parmi les ouvriers français en activité et inscrits sur les listes électorales, 21 % ont choisi Marine Le Pen au premier tour de la présidentielle de 2017 et 38 % au second cependant qu'ils ont été 18 % à voter pour la liste soutenue par le Rassemblement national en 2019. Il serait donc possible d'évoquer un « arrière-monde » électoral où le vote massif des ouvriers pour Marine Le Pen se trouve relativisé par des cohortes d'électeurs silencieux, mais cela supposerait de subjuguer de la même manière l'interprétation de n'importe quel vote actuel.

Pour des raisons faciles à deviner, Jean-Luc Mélenchon pratique assidûment l'exercice. Sur *Europe 1*, le 15 mars 2017, le candidat soutenu par la France insoumise et par le Parti communiste objecte aux sondages sa profession de foi : « Ce n'est pas vrai que la classe ouvrière vote pour l'extrême droite, 60 % des ouvriers ne votent pas ». Pour en arriver à une telle estimation de l'abstention catégorielle, sans doute ajoute-t-il les ouvriers français non-inscrits sur les listes électorales ainsi que les ouvriers de nationalité étrangère. À cette aune, le fait que les ouvriers aient formé la seule grande catégorie socioprofessionnelle à avoir choisi majoritairement Marine Le Pen comme présidente de la République le 7 mai 2017 se voit vidé de toute signification politique. Ce qui est pratique pour ses concurrents mais n'explique en rien pourquoi ces mêmes ouvriers ne votent pas pour eux.

De surcroît, aucune étude n'indique que, dans le cas où ils participeraient aux élections, les ouvriers abstentionnistes manifesteraient un autre choix que ceux qui se rendent dans les bureaux de vote. Il est donc spécieux de nier l'inclination des ouvriers pour le vote RN sous prétexte que lorsqu'ils choisissent à 56 % Marine Le Pen au second tour de la présidentielle cela ne signifie pas que 56 % des ouvriers en activité sur le territoire national l'ont fait.

L'argument de l'incomplétude peut même être retourné contre ceux qui l'agitent. Certes, dans cette catégorie socioprofessionnelle, on compte de nombreux étrangers, souvent d'une nationalité extra-européenne, qui ne peuvent de ce fait participer aux scrutins. Ce qui signifie également que, parmi les ouvriers inscrits sur les listes électorales, se trouvent de nombreuses personnes issues de l'immigration, notamment du continent africain. Ainsi, en 2018, l'INSEE indique que 12 % des ouvriers sont de nationalité étrangère et 16 % immigrés, c'est-à-dire, qu'ils soient désormais français ou non, nés étrangers à l'étranger. Ces proportions sont respectivement de 7 % et 11 % pour l'ensemble de la population active, de 4,5 % et 8 % pour les cadres et membres de professions intellectuelles supérieures. Certes, là encore, au sein des ouvriers inscrits, on ne connaît pas les similarités ou les différences de comportement électoral entre ceux qui sont issus plus ou moins directement d'immigrations européennes ou extra-européennes. Mais au total, compte tenu de la composition particulière de la catégorie « ouvriers », les scores constatés en faveur de Marine Le Pen n'en sont que plus notables.

Des ouvriers de rencontre ?

Souvent gênés par le constat de ce sur-vote, les sociologues empruntent une autre échappatoire : certes, les ouvriers soutiennent largement le RN, mais sont-ce bien des ouvriers ? Pour ne pas avoir à reconnaître que le prolétaire magnifié par une bonne partie de la gauche du siècle dernier puisse succomber à un vote honni dans le milieu des sciences sociales, il est commode de jouer la complexité, de suggérer que les « mutations » de la classe ouvrière ont dénaturé ses membres et ont introduit en son sein des catégories que l'on ne peut identifier au métallo gréviste de 1936 et à ses héritiers. En d'autres termes, le vote RN prospérerait à la surface et aux périphéries du monde ouvrier, mais le cœur de ce dernier en serait exempt.

Il existe pourtant une méthode simple pour déterminer le degré d'appartenance d'un individu à un milieu social et c'est celle dite des attributs sociaux. Plus on a de proches, à commencer par son conjoint ou ses ascendants directs, qui appartiennent à ce milieu, et plus on se voit attribuer un rang d'appartenance élevé. Ainsi, si un ouvrier a un père ouvrier et est marié lui-même à une ouvrière, il sera considéré comme ayant trois attributs ouvriers. Dans les années 1960, en France, un électeur ayant deux attributs ouvriers présentait trois fois plus de probabilités de voter pour le PCF qu'un autre n'en ayant aucun. Les communistes pouvaient considérer que s'ils n'obtenaient pas les suffrages de toute la classe ouvrière, ils en représentaient politiquement la forme la plus authentique.

Se fondant sur une enquête que le Cevipof, le Centre de recherches politiques de Sciences Po et du CNRS, a réalisée en 2016, Pascal Perrineau montre que « les clivages de classe n'ont pas disparu » mais « se sont déplacés avec beaucoup d'amplitude d'un extrême du spectre politique à l'autre ». On est alors à un an de la présidentielle de 2017 et les intentions de vote en faveur de Marine Le Pen, à un moment où la présidente du Front national était particulièrement haute dans les sondages, passent de 25 % pour une personne sans attribut ouvrier à 46 % pour une personne en possédant deux et à 47 % si elle en présente trois. En d'autres termes, le bond est spectaculaire.

Est-ce dire que le Rassemblement national a pris la place du Parti communiste ? Une telle extrapolation serait profondément erronée. Tout d'abord parce que l'idéologie de ce mouvement n'est en rien marxiste et qu'il ne fait pas de la classe ouvrière le vecteur de son projet politique. Ensuite, parce que sa fragile réalité organisationnelle n'a rien à voir avec le formidable encadrement autrefois fourni par les communistes et par les organisations de masse satellites, notamment la CGT. Il demeure que le niveau électoral du RN en milieu ouvrier est aujourd'hui supérieur à celui jamais atteint par le PCF et constitue, additionné au reste des catégories populaires, le socle véritable de l'influence lepéniste.

Des électeurs incompétents ?

Le désarroi qu'éprouvent certains sociologues face à un vote qui va à l'inverse de leurs habitudes de pensée, et sans doute de leurs espérances, s'exprime parfois crûment. Coauteur d'un ouvrage sur les classes populaires et le Front national paru à la Fondation Copernic, proche des milieux de la gauche mouvementiste, Gérard Mauger est de ceux-là. Il a publié, au début 2017, un entretien des plus intéressants en ceci qu'il y énumère et y développe une à une chaque nuance du déni.

Tout d'abord, sachons-le, « le vote FN est très volatil, instable ». Ensuite, il provient d'« un parti attrape-tout, une espèce de conglomérat qui rassemble de façon assez improbable des électeurs qui n'ont pas grand-chose à voir entre eux ». De plus, « les électeurs FN ne sont pas d'anciens électeurs PC ou PS ». Enfin, ils « sont des gens globalement incultes politiquement ». L'honneur est sauf, donc. Même si de telles remarques ne manquent pas d'étonner sous la plume d'un des représentants d'une fondation disant chérir le mouvement social.

La dernière remarque, qui porte sur l'« inculture » présumée de cet électorat, mérite une attention particulière tant elle correspond à une assertion répandue. On peut y voir le réflexe protecteur d'un milieu universitaire dérangé dans ses rituels interprétatifs, troublé que des gens modestes refusent leur assignation à voter à gauche. Cette prévention explique sans doute l'attentisme d'une bonne partie de la « gauche de la gauche » dans les premiers mois des Gilets jaunes. Devant l'impasse que l'on a ainsi créée, il ne reste alors qu'à emprunter les stéréotypes sociaux de Pierre Bourdieu et à les retourner contre les ouvriers pour stigmatiser leur « incompétence » politique.

Il faut cependant prendre en considération que ce jugement de valeur brutal peut tenir à une donnée objective, celle du niveau de diplôme. Élection après élection, la comparaison du vote FN, puis RN, avec les autres votes apporte la même information : moins le votant dispose d'un titre scolaire ou moins son titre est élevé, et plus sa propension à choisir un candidat ou une liste FN-RN est importante. Au premier tour de l'élection présidentielle de 2017, 30 % des votants n'ayant pas le bac choisissent Marine Le Pen tandis qu'ils ne sont que 9 % parmi les bacheliers qui ont mené au minimum trois années d'études supérieures.

À partir de ces données, la tentation est vive chez nombre d'observateurs de dévaloriser le vote RN. Pourtant inférer du capital scolaire la capacité politique fait plus que lézarder l'idée même de démocratie. Si la lointaine source de cette conception hiérarchisée se trouve dans *La République* de Platon, idéalement dirigée par des philosophes, un tel projet affleure dans nombre de textes théoriques et de commentaires médiatiques. On peut parler ici de mépris et, plus précisément, dans la mesure où le niveau de diplôme est fortement corrélé au niveau social d'origine et qu'il représente un indicateur assez fiable du niveau social atteint, de mépris de classe.

Lorsque l'on compare la France aux autres démocraties, une singularité apparaît à ce propos. Dans l'étude monumentale parue en 2021 qu'il a codirigée et qui porte sur cinquante de ces pays, *Clivages politiques et inégalités sociales,* l'économiste Thomas Piketty écrit que les systèmes traditionnels s'y sont progressivement transformés en des « systèmes d'élites multiples » où, toujours selon lui, « les partis socio-démocrates et assimilés sont devenus les partis des plus diplômés, tandis que les partis conservateurs et assimilés demeurent les partis des élites économiques ». Ni La République en Marche, ni le Rassemblement national ne s'inscrivent dans ce schéma, la première concentrant la faveur des divers types élitaires, le second leur réprobation. La France n'est pas, ou plutôt n'est plus, un « système d'élites multiples » en raison de la constitution d'un bloc élitaire que la prise et l'exercice du pouvoir par Emmanuel Macron ont contribué à conforter. Face à lui, ouvriers, employés et travailleurs indépendants, tous modestes, rassemblent leurs suffrages.

L'autre vote dérangeant

En 2012, au premier tour de la présidentielle, Marine Le Pen recueille selon IPSOS 26 % du vote des artisans, commerçants et chefs de petite entreprise au lieu de 22 % du vote des employés. Deux quinquennats plus tard, en septembre 2021, les sondages réalisés par l'IFOP lui attribuent un tiers des intentions de vote dans ces deux catégories. Au second tour, si trois ouvriers sur quatre qui participeraient au vote choisissaient Marine Le Pen contre Emmanuel Macron, ce serait le cas de six travailleurs indépendants sur dix et d'à peu près autant d'employés.

On retrouve ici les trois grandes catégories INSEE où la candidate soutenue par le RN serait majoritaire. Elles ont en partage un niveau de diplôme peu élevé, faisant du vote Marine Le Pen l'expression du mauvais côté de la fracture scolaire, conformément à l'équation : moins de titres, plus de suffrages. Elles ont surtout en commun, on l'a vu aussi, de former un vaste milieu social. Leurs membres vivent à peu près dans les mêmes endroits. Ils ont les mêmes soucis que procure un travail souvent ingrat et mal rémunéré. Ils se fréquentent d'autant plus que les enfants vont dans les mêmes écoles. Ce ne sont ni des misérables, ni des exclus. Ce sont ceux dont le dur labeur ne suffit pas à éloigner la difficulté financière.

Cette population est désormais mieux connue à défaut d'être reconnue. D'invisible jusque-là, elle s'est donnée à voir sur les ronds-points à l'hiver 2018. Lorsqu'un an plus tard, en 2019, l'IFOP reposera la question de l'attitude à adopter envers le mouvement des Gilets jaunes, lequel accuse déjà un net recul, si 52 % des Français maintiendront leur soutien ou leur sympathie à son égard, cette proportion atteindra 62 % parmi les ouvriers et employés et 66 % chez les travailleurs indépendants. Des chiffres symétriquement inverses à ceux que l'on pourra observer chez les cadres et les retraités, soit les deux sous-ensembles numériquement les plus significatifs du bloc élitaire.

Bien évidemment, il existe des différences au sein de ces trois catégories de l'INSEE : différences de métiers, de statuts, de types de contrats de travail et aussi d'origines ethnoculturelles. Cette pluralité est particulièrement grande au sein des « travailleurs indépendants ». Parmi les plus de trois millions de personnes exerçant une activité professionnelle non salariée, un tiers le comme auto-entrepreneur, tirant en moyenne 500 euros par mois de cette activité, laquelle est souvent complémentaire. On est loin ici non seulement d'une quelconque notion de patronat, mais aussi de la représentation habituelle des professions libérales qui se rattachent volontiers, du fait de leur formation et de leurs revenus, au monde des cadres supérieurs. Il faut au contraire compter dans cette catégorie bigarrée nombre d'auxiliaires travaillant dans les secteurs de la santé, du transport, de l'hébergement, de la restauration ou du commerce.

Cet ensemble est trop hétéroclite pour avoir un comportement politique aussi lisible que celui des cadres, d'un côté, ou des ouvriers, de l'autre. Dans les sondages courants, on ne connaît les attitudes préférentielles de ses membres que par des moyennes statistiques écrasant de fortes divisions internes. Pourtant, même de la sorte, on note une orientation prononcée vers les opinions des ouvriers et des employés. Lorsque l'on peut approfondir les données relatives aux différentes sous-catégories de travailleurs indépendants, il devient évident que de larges pans relèvent pleinement des classes populaires. Sous ce rapport aussi, le mouvement des Gilets jaunes a constitué un moment de vérité eu égard au rôle décisif et incontestable qu'y ont joué diverses personnalités appartenant au monde des non-salariés de condition modeste. La base sociale du bloc populaire est donc parfaitement perceptible dans ses trois grandes composantes.

Une fois rappelé qu'il existe naturellement des facteurs de différenciation au sein de l'ensemble que forment les ouvriers, les employés et les indépendants hors professions libérales, la réalité observable de leur comportement politique, que ce soit dans l'expression de leur opinion ou dans la réalité de leur vote, montre une forte unité. Tout est ici question de perspective. Les classes populaires s'abstiennent relativement beaucoup, et dispersent leur vote relativement peu. On ne peut donc dire qu'un courant politique les représente totalement. Ce qui, d'ailleurs, a toujours été le cas. Cependant, si on part non plus de l'identité sociale mais du comportement politique, le tableau se présente tout à fait autrement.

Au premier et plus encore au second tour de l'élection présidentielle, parmi les votes constatés ou les intentions de vote exprimées, en 2012, en 2017 et aujourd'hui encore, à la veille de la présidentielle de 2022, Marine Le Pen recueille en priorité le choix électoral de trois grandes catégories d'actifs, les ouvriers, les employés et les travailleurs indépendants. Les deux premières et une partie de la troisième constituant, hors les retraités, les classes populaires, l'hypothèse qu'un bloc populaire puisse se constituer, en l'occurrence autour de la candidate soutenue par le Rassemblement national, prend un tour moins théorique.

Représentation populaire et offre électorale

Un autre indice de ces prémices de constitution d'un bloc populaire ressort lorsque l'on se penche sur le niveau premier de la représentation démocratique, celui que forment les personnes qui choisissent de concourir devant leurs concitoyens afin de recueillir leurs suffrages. L'existence politique des classes populaires se joue certes sur plusieurs plans et l'on ne saurait la résumer à ce critère. Mais, en ces temps où l'on insiste sur la parité des sexes et la diversité des origines ethniques au sein des instances représentatives, il est cependant intéressant d'examiner la place qu'occupent les CSP- parmi les candidats des récents scrutins.

On sait que, depuis 2012, l'Assemblée nationale ne compte pas un seul élu ouvrier et, plus généralement, que les classes populaires y brillent par leur absence. Ce phénomène n'est pas uniquement induit par la nature du travail parlementaire et ce n'est pas simplement le résultat des urnes qui en décide, mais aussi et d'abord le dépôt des candidatures. Ce que corrobore l'histoire récente. Longtemps, les formations de gauche soignèrent le profil sociologique de leur offre électorale. Le PC montrait un ouvriérisme prononcé tandis que le PS portait une attention particulière aux « nouvelles classes moyennes salariées ». Au cours de la législature ouverte en 1978 et close en 1981, 10 % des députés étaient soit ouvriers, soit employés. En 1981, 30 % des députés socialistes étaient des enseignants. Ce temps n'est plus et, en matière de proposition électorale, que ce soit par choix ou par nécessité, le RN s'acquitte davantage que la gauche de la représentation des classes populaires. Et, si l'on peut dire, à sa place.

Cette substitution aura été criante lors des élections départementales de juin 2021. Selon *France*

Info, qui reprend les chiffres et la terminologie du ministère de l'Intérieur, « l'extrême droite », c'est-à-dire essentiellement les candidats présentés par le RN, « se démarque par une présence bien plus importante des classes populaires sur ses listes. La proportion d'ouvriers y est quatre fois plus grande qu'à gauche et même dix fois plus qu'au centre ou à droite. Le constat est le même chez les employés, qui pèsent pour 19 % des candidats présentés par l'extrême droite, contre 7 % à 10 % ailleurs. Les candidats aux élections régionales présentent sensiblement le même profil socioprofessionnel. » D'où la réaction du public qui riait à l'entour de l'an 2000 aux sketchs des *Deschiens*, la série télévisée qui transformait l'humilité sociale en humiliation rituelle. Il n'a pas manqué de se gausser sur les réseaux sociaux de l'apparence physique ou de l'allure vestimentaire de certains candidats RN, manifestant ainsi sa singulière conception de l'humanisme.

Cependant, la spécificité de l'offre du RN en matière de personnel politique répond-t-elle à une démarche volontariste, analogue à l'ouvriérisme qui présidait naguère à la formation des listes de candidature au sein du PCF ? Tel ne semble pas être le cas et cette concentration répond plutôt, de manière prosaïque, au profil de ceux qui osent mettre en jeu leur tranquillité en s'affichant dans leur canton sous une étiquette que d'aucuns jugeraient à tout le moins péjorative. Or ils y voient, sans doute en désespoir de cause, une raison supplémentaire, si ce n'est impérative, de s'en saisir et de la revendiquer.

Cette différence est d'importance, mais l'essentiel réside dans le caractère organique de cette surreprésentation de l'élément populaire. Et d'autant plus, si on le compare au reste de l'offre électorale. Un lien privilégié s'est noué. Il s'est établi en parfaite symétrie avec l'orientation résolument élitaire du personnel politique macroniste. Néanmoins, s'il existait un vote de classe des ouvriers en faveur de la gauche et plus précisément du PCF et si l'application de ce concept à la relation que les cadres entretiennent avec LREM est devenue un lieu commun, considérer qu'il vaudrait aussi pour l'inclination avérée des classes populaires envers le RN ne va pas de soi.

5

Un vote de classe non désiré

Les multiples attestations qui confirment l'orientation politique des classes populaires vers le vote Marine Le Pen se prêtent à toutes sortes d'exégèses. Elles vont de la dénégation têtue de ce fait statistique à son assimilation hâtive à un pur vote de classe qui n'est cependant en rien évident. La querelle est d'importance car elle conditionne l'interprétation que commande la situation actuelle pour l'ensemble des formations politiques en présence, celles de gauche au premier chef. Mais aussi parce qu'elle détermine les projections qu'appelle la campagne de l'élection présidentielle du printemps 2022, d'ores et déjà entamée à la fin de l'été 2021. Sur son sens et son déroulement, voire sur son issue et sa suite.

Une notion aux marges de l'idéologie

La notion de vote de classe est galvaudée. Elle avait pratiquement disparu des commentaires d'actualité, elle revient aujourd'hui avec une certaine candeur. Il suffit qu'à la lecture des sondages apparaisse la tendance marquée d'une catégorie socioprofessionnelle donnée à choisir un candidat ou une liste particulière, et on s'imagine l'y trouver quand bien même, comme il arrive le plus souvent, on ne croit guère à l'existence des classes sociales. Le recours à ce terme fétiche n'élucide alors rien et obscurcit tout. On ne s'étonnera pas de le retrouver abondamment appliqué au vote qui se porte sur Marine Le Pen.

Certains observateurs se montrent cependant plus avisés et plus prudents que d'autres dans cet usage. Tel est le cas de Pascal Perrineau qui, en 2017 et au vu des sondages préélectoraux, souligne qu'« indépendamment de toutes les arguties sur la notion de classe ou de vote de classe, les faits sont là : la classe ouvrière ou ce qu'il en reste a massivement quitté la gauche pour déserter la scène électorale ou se rallier aux droites et particulièrement au Front national ». Si on peut contester l'incorporation du parti de Marine Le Pen dans un ensemble que recouvrerait l'appellation de « droite », l'évidence des données recueillies paraît donner raison au professeur de sciences politiques.

Dans *Le Figaro* du 28 avril 2021, Jérôme Fourquet délivre sensiblement le même point de vue. À ses yeux, « dans la France postindustrielle qui a émergé à partir du mitan des années 1980, les catégories populaires n'ont pas disparu, mais elles se sont métamorphosées avec notamment le développement des services, de la logistique et de la sous-traitance », et, « s'enracinant dans cette réalité sociologique transformée, un nouveau vote de classe s'est progressivement structuré : le vote RN ». Le directeur des études de l'IFOP fait également valoir que si en trente ans « le vote RN est devenu hégémonique dans les milieux populaires », notamment en raison de leur forte exposition à la délinquance, à l'inverse il est resté « contenu dans les classes moyennes » et n'a pas « progressé d'un iota auprès des cadres et des professions intellectuelles ». Au final, note-t-il, entre les résultats du vote lors de la présidentielle de 2002 et les intentions de vote pour la présidentielle de 2022, telles que l'IFOP les a établies un an avant l'échéance électorale, le score au premier tour du candidat FN puis RN marquerait ainsi une progression de 28 points chez les ouvriers comme chez les employés.

Le professeur et le sondeur s'accordent donc implicitement sur une notion presque oubliée et que l'on s'étonne de voir évoquée si facilement alors que son environnement idéologique d'origine s'est effondré, à savoir le vote de classe. De surcroît, qu'ils recourent tous deux à ce même concept pour décrire le phénomène Marine Le Pen ne fait qu'ajouter à la transgression.

En effet, la formule suppose la notion connexe de classe sociale, laquelle n'a de sens que dans un système de pensée spécifique, sinon il suffit d'employer les termes de « catégorie sociale » ou de « groupe social » qui ont pour eux d'être neutres. Ou bien, reproduisant volontairement ou inconsciemment la taxinomie anglo-saxonne, renvoie-t-on alors à la classe considérée comme une strate de revenus et à la représentation pyramidale de la société allant de la *lower-lower class* à la *upper-upper class* qui lui est conjointe, mais la signification est alors autre et relève d'une simple échelle de revenus. De la même manière, la confusion est également fréquente avec la notion de domination si prisée par la sociologie contemporaine et dont l'infinie plasticité explique le succès car elle donne cette fois la prééminence aux rapports symboliques. Or l'idée de classe sociale telle qu'elle est entendue lorsqu'on use de l'expression « vote de classe » s'inscrit, comme on l'a vu, dans la théorie que Karl Marx a tirée d'une représentation courante en son temps.

On bascule alors dans une approche matérialiste. Le fondement d'une classe sociale, on le sait, n'est autre que sa place dans le processus de production et de répartition des richesses, les constructions juridiques et idéologiques d'une société se développant à partir de celui-ci. En conséquence, la classe sociale existe d'abord en soi, dans sa fonction objective au sein d'un état historiquement déterminé des modes de production. Il en résulte parfois un développement organique donnant une unité culturelle, une forme de communauté des modes d'existence et de pensée au groupe humain qui constitue la classe concernée. Ce processus n'est pas pour autant nécessaire et l'on peut parfaitement concevoir des différences ethniques, religieuses ou culturelles qui segmentent une classe sociale sans que la similitude de destin économique de ses membres ne suffise à les réunir sur un plan subjectif.

Marx lui-même en donne un exemple devenu classique lorsqu'il évoque le sort des immigrés irlandais en Angleterre. Il voit dans cette importation d'une main-d'œuvre séparée par la langue et la mentalité une ruse du patronat et un risque politique majeur pour la constitution d'un prolétariat industriel qu'unifierait la conscience partagée de son rôle et de ses intérêts. Ainsi une classe en soi n'accède pas toujours au rang de classe pour soi. C'est-à-dire une classe dont les membres pensent la question politique de manière semblable, agissent de concert sur la scène publique et se dotent pour ce faire d'institutions spécifiques, à commencer par un parti. Le processus s'inverse même lorsqu'il revient à celui-ci de susciter cette prise de conscience, d'évangéliser si l'on peut dire les ouvriers pour stimuler en eux une identité de classe et lui donner une expression politique.

Les leçons de l'histoire

En France, de la fin du XIXe siècle au troisième quart du XXe siècle, il a semblé, encore que la chose n'ait cessé d'être vivement contestée par nombre d'observateurs d'alors, que ce schéma fonctionnait de manière presque parfaite. Un processus continu d'industrialisation engendrait une croissance parallèle des emplois ouvriers. Ceux-ci étaient suffisamment concentrés géographiquement pour susciter un milieu et un mode de vie communs à la plupart des individus qui les occupaient, lesquels se reconnaissaient dans deux à trois syndicats articulés à un ou deux partis politiques, le PCF et la SFIO, qui à leur tour les désignaient comme la « classe ouvrière » et attribuaient à celle-ci un rôle historique majeur.

À l'occasion du congrès de Tours en 1920 la représentation politique et syndicale de la classe ouvrière s'était scindée en deux branches. Peu à peu les différences sont devenues plus évidentes, la SFIO entendant simplement représenter les intérêts de cette classe cependant que les communistes persistaient dans un projet léniniste faisant de celle-ci le vecteur d'une révolution mondiale. De plus, si les socio-démocrates avaient rapidement élargi leur attention à l'ensemble des salariés ou des petites gens dans une simple logique électorale, les communistes s'en tenaient à la notion de prolétariat en lui attribuant là encore un rôle historique précis et décisif. Ces différences n'empêchaient pas qu'en regroupant les uns et les autres sous le vocable générique de la « gauche », il était aisé de constater une orientation électorale majoritaire et réitérée des ouvriers en sa faveur. On parlait alors sans trop se poser de questions de vote de classe assimilant dans le même terme un simple alignement électoral et une affirmation identitaire. Ce n'était pourtant pas la même chose. Et cela ne l'est toujours pas.

Le sens investi dans un même vote peut différer profondément quant à sa motivation. Un détour de l'autre côté des Alpes, à partir du cas de la Démocratie chrétienne, permet d'illustrer ce hiatus entre vote utilitaire et vote identitaire : certains Italiens votaient pour ce parti d'abord parce qu'il leur semblait le plus apte à gérer le développement économique du pays sous la houlette américaine et tant mieux s'il se prévalait en outre de la bénédiction du clergé catholique ; d'autres Italiens le choisissaient d'abord parce qu'il paraissait correspondre à leur foi chrétienne et tant mieux si, de surcroît, il remplissait positivement sa fonction dirigeante. De la même manière, en France, un ouvrier pouvait voter socialiste ou communiste parce qu'il y voyait d'abord la promesse de politiques publiques plus solidaires et conformes à ses intérêts comme à l'intérêt général ou bien parce qu'il se considérait d'abord en tant qu'ouvrier porteur de valeurs spécifiques et, en tant que tel, investi d'un rôle particulier au sein de la société. Dans le premier cas, il s'agissait d'un simple choix d'intérêt personnel, dans le second il y allait de l'affirmation d'une identité collective.

Tirons la leçon générale de ces divers exemples historiques : il faut que se forme une identité commune découlant d'une position similaire au sein des rapports de production pour qu'il y ait vote de classe. Sinon il s'agira simplement d'un alignement électoral.

Quand les ouvriers déçoivent les observateurs

Tant que les ouvriers votaient à gauche, et plus particulièrement pour le Parti communiste, et tant que celui-ci était allié au Parti socialiste pour lequel votaient nombre de sociologues étudiant précisément le vote des ouvriers, tout allait pour le mieux. Ce que faisaient les uns s'accordait avec ce que les autres souhaitaient leur voir faire.

Le 13 juin 1971, au congrès d'Épinay, François Mitterrand déclare à la tribune que « notre base, c'est le front de classe », c'est-à-dire aux yeux du PS qui vient d'être fondé l'ensemble des exploités, mais avant tout parmi eux les salariés rassemblés autour des ouvriers. Le 10 mai 1981 la victoire est obtenue grâce aux ouvriers – 72 % pour François Mitterrand – et aux employés et cadres moyens – 62 % –, les autres groupes sociaux choisissant très majoritairement Valéry Giscard d'Estaing. Qu'une telle reconnaissance, une telle acceptation et une telle utilisation des termes de classe sociale, donc de front de classe, mais aussi et encore de centralité ouvrière émanent d'un chef politique aussi pragmatique que François Mitterrand souligne l'efficacité électorale qui était alors reconnue à ces notions. Le vote de classe des ouvriers et employés devint dès lors pour la gauche la quille du navire : tant qu'il était là tous les espoirs étaient permis et les défaites, temporaires, lorsqu'il arrivait qu'il fasse défaut, survenaient dérives et naufrages.

Les analyses théoriques ne manquaient pas d'être influencées par ce contexte politique, désormais caduc. En 1978, dans *La Revue française de science politique*, Alain Lancelot, chercheur au CNRS et expert de l'abstention avant de diriger l'IEP de Paris et d'être nommé au Conseil constitutionnel, pouvait ainsi ironiser à propos des sociologues Guy Michelat et Michel Simon en rendant compte de leur ouvrage de référence, *Classe, religion et comportement politique* : « Ils ont parfois un peu trop tendance à réduire l'examen de la relation entre classe et politique à l'analyse de la propension des ouvriers à voter communiste. »

Ainsi le voulait l'époque mais, à l'évidence, quand à partir de 1984 les ministres communistes furent poussés hors du gouvernement et que les ouvriers commencèrent à s'éloigner de la gauche au pouvoir, l'école française de science politique se montra moins aimable à leur endroit. On insista davantage sur leur supposé conservatisme moral, idée qui nourrirait des années plus tard, en 2011, la fameuse note de la fondation Terra Nova sous forme de lettre d'adieu au prolétariat. Ou bien, pour ceux qui ne se résignaient pas à l'abandon du vote ouvrier, on s'évertua à relativiser la nouvelle orientation électorale des ouvriers, voire à la nier : comme si le vote de classe populaire en faveur du Front national relevait nécessairement d'une aberration logique voire du blasphème dogmatique.

Les tenants de cette dernière ligne interprétative continuent à la défendre aujourd'hui. Il est parmi eux d'éminents universitaires, auteurs de monographies souvent passionnantes sur le monde ouvrier ainsi que sur le vote ouvrier. Il faut entendre leurs protestations et dénégations qui, sans surprise, montent en puissance à partir de la décennie 2010. Pour Olivier Schwartz, qui maintient le tabou, « l'identité souvent posée entre vote ouvrier et vote FN relève de la contre-vérité et du racisme social pur et simple ». Patrick Lehingue emprunte pour sa part une voie de traverse : admettant qu'« il serait absurde de nier un vote ouvrier frontiste », il en minimise cependant la portée parce que ledit vote « a été d'abord alimenté par les fractions conservatrices d'un monde ouvrier qui n'a jamais été aussi politiquement homogène que le PCF, s'autoproclamant *le* parti de *la* classe ouvrière, ne le prétendait ».

Pourquoi pas ? Si ce n'est que ressort, derrière cette assertion, un mécanisme qui relève de la réduction de la dissonance cognitive. Le vote de classe ne produisant plus guère de vote de gauche parmi les catégories populaires, la tentation est grande pour ceux qui s'en désolent de nier sa persistance actuelle. Aussi Patrick Lehingue, après avoir pourtant combattu ce qu'il appelle la « doxa » qui fait fi selon lui des déterminismes sociaux dans l'explication du vote, en vient-il à écrire que « le clivage de classe, s'il n'a pas disparu, est constamment concurrencé par d'autres clivages, alimentés par l'existence d'autres identités, soit autant de manières qu'ont potentiellement les individus de se définir et de définir leur place relative dans un univers dont les principes de structuration ne sont jamais donnés une fois pour toutes et pour tout le monde ».

Bien que de tournure alambiquée, cette remarque n'est pas purement rhétorique dans la mesure où elle pointe des choses plutôt vraies, à ceci près qu'elles l'ont toujours été. Les facteurs cultuels ou culturels, nationaux et parfois régionaux aussi, ont toujours miné ou empêché l'affirmation d'une vaste classe ouvrière unifiée, sujet qui a nourri des montagnes d'ouvrages plus ou moins marxisants. Patrick Lehingue y insiste car il est comme d'autres chercheurs face à une aporie. Soit il admet le lien électoral qui s'est noué entre la mouvance des ouvriers et le parti lepéniste, et sa sympathie pour les classes populaires en sort affectée. Soit il renonce à interpréter ce vote se référant au concept de classe, et sa pensée dérive vers les modèles individualistes qu'il abhorre. La solution est dès lors de proclamer que le vote de classe a existé mais qu'il s'est évanoui et qu'il a été remplacé par des « enjeux culturels » qu'il lui suffit alors de piocher dans l'abondant répertoire de l'intersectionnalité.

Le débat sur la notion de vote de classe s'en trouve profondément modifié. Comme l'écrit Florent Gougou, « la critique des approches en termes de classes s'est assez longtemps résumée à une position de principe face à l'hégémonie du paradigme marxiste dans l'analyse des faits sociaux ». L'affrontement s'inscrivait dans le contexte de la Guerre froide et les schémas interprétatifs s'ajustaient à des positions politiques serrées sur le spectre que définissait l'axe de la gauche et de la droite. Il n'en va plus ainsi. Désormais, il s'agit d'intégrer un fait énorme, le déport du vote populaire en faveur du courant lepéniste, dans un appareillage idéologique défaillant.

Pour illustrer cette aporie, on songe à *La Solution*, le poème que le dramaturge allemand Bertolt Brecht rédigea après la répression des émeutes ouvrières par l'armée soviétique à Berlin en juin 1953 : le peuple ayant grandement déçu le pouvoir révolutionnaire, « ne serait-il pas plus simple alors pour le gouvernement », écrivait-il ironiquement, « de dissoudre le peuple et d'en élire un autre ? ». Puisque les classes populaires votent mal, on les déchoira de leur statut de classes, et leurs suffrages ne mériteront pas davantage le nom de vote de classe. Il sera loisible d'y voir simplement l'expression d'individus inaptes, aliénés et trompés. Plutôt que la position subalterne dans les rapports de production, d'autres dominations, d'autres enjeux seront élevés à la dignité de déterminants du vote. À tout le moins dans l'étroite mesure où ils porteront la promesse d'un vote à gauche.

L'impossible négation

Économiste engagé, proche du Parti socialiste et europhile persévérant, soutien déclaré de Ségolène Royal en 2007, de François Hollande en 2012, de Benoît Hamon en 2017, Thomas Piketty a de bonnes raisons de s'intéresser au vote populaire, lui qui prône une vigoureuse redistribution des richesses par le biais de l'impôt. Se fondant sur l'impressionnante compilation statistique qu'offre son étude comparée des démocraties, il propose une solution avancée au dilemme idéologique auquel se confrontent les chercheurs qui partagent sa sensibilité politique lorsqu'ils abordent l'attitude des classes populaires dans la France contemporaine.

Thomas Piketty postule dans un premier temps qu'il y a un « effondrement du lien entre comportements politiques et perception des électeurs de leur position sociale ». Il considère ensuite que « les clivages transversaux », tels par exemple les questions religieuses, « contribuent à inhiber les clivages de classe car ils conduisent les électeurs à soutenir des partis qui a priori ne représentent pas leurs intérêts socio-économiques ». La première affirmation est erronée, au moins pour ce qui est du cas de la France ainsi qu'on vient de le voir. Quant à la seconde, elle n'échappe pas au réflexe habituel de dénégation. Lorsqu'il constate que les ouvriers votent pour ce qu'il estime être l'extrême droite, Thomas Piketty en déduit qu'ils oublient leur condition sociale au profit de telle ou telle autre affiliation identitaire. Ce qui est la traduction savante de l'antienne de gauche selon laquelle un électeur qui vote Le Pen est « un électeur qui se trompe de colère ».

L'idéologie a sa part dans cet aveuglement mais elle n'est pas la seule. À l'origine de bien des articles ou ouvrages qui s'efforcent de nier l'acuité que revêt la détermination sociale du vote, repose une question de méthodologie. Comment estime-t-on depuis les années 1960 l'alignement du vote sur la condition sociale et que l'on appelle parfois le vote de classe ? Par le recours à une méthode classique de calcul, l'indice d'Alford. Pour reprendre la présentation qu'en fait Thomas Piketty, il s'agit de « la différence entre la part des électeurs de la classe ouvrière (ouvriers et autres travailleurs manuels) et la part des électeurs de la classe moyenne (travailleurs non manuels et indépendants) votant pour les partis de gauche ». Or, cet instrument en apparence très simple se révèle en réalité très trompeur.

Ce n'est pas seulement que la mesure, symptomatique du monde anglo-saxon où elle est née, survalorise la dimension manuelle ou non du travail accompli. Dans l'usage hexagonal, cette accentuation est généralement corrigée par le regroupement des ouvriers et employés. C'est que l'exercice demeure vicié par le postulat d'une gauche indissociable des intérêts des actifs les plus modestes. Ainsi, si par hypothèse toutes les classes populaires votaient pour un seul parti qui ne serait pas de gauche et si tous les fonctionnaires de catégorie A apportaient leur suffrage à un parti de gauche, l'utilisation d'un tel indice permettrait de conclure, peut-être triomphalement, à l'obsolescence du lien entre position sociale et choix politique.

Ce n'est pas tout. Partant de la classe sociale subjective, Thomas Piketty peut également affirmer que l'effet des « clivages de classe perçus » sur l'orientation électorale a diminué « dans tous les pays occidentaux sans exception ». D'où tire-t-il ce constat ? Du fait qu'il note dans douze d'entre eux une réduction de la proportion des électeurs qui, d'une part, s'identifient à la classe ouvrière ou aux classes populaires et qui, d'autre part, votent pour « les partis démocrates/travaillistes/sociaux-démocrates/socialistes/écologistes ». Le raisonnement s'enferme dans une circularité induite par l'impossibilité qu'un vote de classe des travailleurs modestes puisse se porter sur autre chose que le camp ayant la faveur de l'observateur, quand bien même les politiques publiques suivies par la gauche de gouvernement auraient mécontenté une bonne part des classes populaires.

Que de tels développements soient présents chez un intellectuel contemporain aussi éminent que Thomas Piketty montre par quels biais on peut arriver à nier le lien pourtant de plus en plus évident entre l'appartenance aux classes populaires et le vote lepéniste et, par-delà, l'existence même du vote de classe malgré qu'il soit manifeste au sommet de la société et s'exerce de manière visible en faveur d'Emmanuel Macron.

Il existe une manière plus radicale de masquer l'orientation massive des ouvriers vers le vote Marine Le Pen. Il suffit de nier l'existence même d'un vote de classe ou, plutôt, d'entériner sa disparition. Dans leur ouvrage capital paru en 1999, *Le Nouvel Esprit du capitalisme*, Luc Boltanski et Ève Chiapello faisaient déjà de la mise en cause des classes sociales, en fait de leur annulation, un élément décisif de l'offensive idéologique libérale que connaît le monde occidental depuis la fin des années 1970.

Le maître en la matière est Pierre Rosanvallon qui, dès 1995, assénait dans *La Nouvelle Question sociale* le primat de l'individu comme clé des faits sociaux, thèse qu'il a reprise et amplifiée en 2021. Il estimait alors que « ce ne sont plus des identités collectives qu'il faut décrire mais des parcours individuels » dans la mesure où « niveau de revenu, capital culturel et catégorie socioprofessionnelle ne s'emboîtent plus aussi clairement que par le passé, ce qui rend la société moins facilement lisible ». C'est ce même propos normalisateur qu'il a tenté en 2018, dans *Le Monde*, face au mouvement des Gilets jaunes, avec le souci manifeste de rendre artificiellement complexe un fait dramatiquement simple.

Pour saisir cette révolte « avec un œil neuf », il faudrait l'indexer, selon le penseur de l'autre gauche, sur « des indicateurs de dignité et de mépris, de ghettoïsation et d'éloignement social, d'appréhension des peurs et des fantasmes ». N'hésitant pas à redire dans les mêmes termes la « nouveauté » dont il se voulait le prophète un quart de siècle plus tôt, le voilà annonçant que « nous entrons dans un nouvel âge du social où ce ne sont plus seulement les classes sociales qui constituent la société ». À preuve, selon lui, que ce seraient « les émotions, les affects, autant que les données objectives qui fédèrent la mobilisation ».

Ce raisonnement forcé ne fonctionne pas plus aujourd'hui qu'hier, l'évidence statistique montre au contraire que les Gilets jaunes durant l'hiver 2018 forment un mouvement dont les soutiens comme les adversaires sont clairement situés sociologiquement. Le théoricien de la « nouvelle question sociale » est donc obligé de concéder, revenant à un langage des plus anciens, que « les participants sont des salariés et des retraités modestes, appartenant à un milieu populaire dans le débat social ». Il admet même que « c'est la "société des petits" qui s'exprime : celle du salariat modeste, des petites classes moyennes, des auto-entrepreneurs, petits commerçants ou artisans, qui bat le pavé ». Il lui resterait à conclure que les travailleurs pauvres du privé, ceux dont le labeur ne les protège pas de la précarité financière, ont constitué le noyau de la mobilisation. On en retiendra que le négateur archétypal de la notion de classe sociale ne peut envisager la moindre situation concrète sans avoir à y revenir.

Avec une belle constance, Pierre Rosanvallon ne cesse pour autant de persister dans la voie du déni, constance dont témoigne, en 2021, son ouvrage *Les Épreuves de la vie*. Une nouvelle fois, en près de cinquante ans, il déclare que désormais « la notion même de classe [...] semble moins pertinente » avant d'étrangement invoquer pour preuve de cette attrition supposée « l'usage de plus en plus fréquent du terme de classes populaires en lieu et place de celui de classe ouvrière ». Mieux, argue-t-il, « le passage du singulier au pluriel est en lui-même le signe d'une perplexité face à une complexification reconnue du monde social ».

Certes, rien n'est simple et tout se transforme, mais en quoi ce pluriel indiquerait-il qu'il faudrait se focaliser sur « les épreuves de la vie » que rencontrent les individus plutôt que d'analyser la société dans les composantes principales qui la forment ? Il n'a jamais fait mystère pour quiconque que chaque personne mène sa propre existence et endure des tribulations qui lui sont particulières. Toute l'œuvre sociologique a été de montrer que, dans une large mesure, ladite vie et lesdites épreuves s'inscrivent dans un champ social et sont déterminées par la position sociale.

De notre point de vue, le problème essentiel que pose la thèse de Pierre Rosanvallon ne réside pas dans son contenu répétitif et contradictoire mais dans l'accueil dont elle bénéficie. Énième mouture du vieux slogan « les classes sociales existaient hier mais elles n'expliquent plus rien aujourd'hui car la société est devenue complexe », elle remplit une fonction simple pour le public de ces propos : nier la réalité que l'on a devant soi pour ne pas avoir à assumer son positionnement politique.

Mieux vaut écouter sur ce sujet Pascal Perrineau que l'on ne qualifierait certes pas de marxiste intransigeant : « Des millions d'électeurs de milieu ouvrier ou employé semblent fonder assez largement leurs choix politiques et électoraux dans leur condition sociale, une condition sociale faite de références de classe, de sentiment d'appartenance à des groupes dominés ou peu privilégiés et d'une volonté sourde d'accéder à une certaine visibilité qui leur est souvent déniée. » Il se trouve qu'ils le font désormais le plus souvent en choisissant un bulletin Marine Le Pen. Et ce, qu'on le veuille ou non. Sachant de surcroît qu'au cas où l'on voudrait réellement combattre cet état de fait, il faudrait commencer par ne pas en rejeter la réalité.

L'incomplétude actuelle

La négation de l'étroit rapport statistique entre position sociale et vote que présente la France en 2021 constitue une telle aberration qu'il convient de l'interpréter comme un refus de principe, voire comme un interdit dogmatique. Plus intéressante, car mieux fondée, apparaît la contestation qu'il puisse exister un vote de classe en faveur en faveur de Marine Le Pen compte tenu de l'identité politique qui est la sienne. Le contraste avec Emmanuel Macron est évocateur.

Dès les premières étapes de sa fulgurante ascension, à commencer par l'annonce de sa candidature le 12 juillet 2016 à la Mutualité, le fondateur d'En Marche envoie des signaux explicites à la « France d'en haut ». Par la suite, et l'expression « premiers de cordée » est suffisamment éloquente, il continue à entretenir un lien privilégié avec la bourgeoisie managériale, ce qui produit un impressionnant vote de classe en sa faveur, précisément parmi les cadres du secteur privé. Une telle interaction est au cœur de son projet, celui d'une rénovation radicale du modèle français qui a pour moyeu la valorisation de la fonction sociale et de l'imaginaire professionnel de la hiérarchie intermédiaire du système capitaliste. Érigés en modèles d'innovation et de dynamisme, présentés à eux-mêmes comme étant le sel de la terre, parés des vertus de mérite et d'audace, les agents de cette bourgeoisie managériale défendent leur identité en votant pour celui qui aura su le mieux les flatter, Emmanuel Macron. Il ne s'agit plus ici d'un simple alignement électoral des cadres en faveur de La République en Marche, mais d'un vote de classe chimiquement pur.

Or, on ne saurait établir, de ce point de vue, une parfaite symétrie avec Marine Le Pen et le vote des classes populaires. Tout d'abord, l'idéologie du « camp national », pour reprendre le vocabulaire de la candidate, ne se prête pas aisément à une différenciation sociale au sein du peuple qu'elle entend représenter. Le nom même du Rassemblement national n'exprime pas plus que celui de Front national une préoccupation sociale particulière. Ce qui le différencie de son lointain modèle transalpin, le MSI, ou Mouvement social italien, auquel il a emprunté la flamme de son emblème. Le contraste est net avec d'autres formations politiques comme le Parti socialiste, anciennement Section française de l'Internationale ouvrière, ou le Parti communiste, qui persistent à se désigner par des termes renvoyant dans l'esprit de leurs militants à une nouvelle organisation du travail et de la richesse.

Pour un sympathisant de gauche, le Rassemblement national constitue même une force antisociale. C'est l'indéniable sentiment que Philippe Martinez, le secrétaire général de la CGT, résume début 2021 sur *TV Humanité* : « Derrière un discours social […] le Front national tente de se faire passer pour un parti répondant à des aspirations sociales alors que dans la réalité, y compris dans son programme, il y a peu d'attaques contre le capital […] et c'est quand même un parti politique foncièrement antisyndical. » Renvoyant le RN à l'éternité de l'extrême droite, Philippe Martinez considère qu'il instrumentalise les immigrés récents pour en faire des boucs émissaires, à rebours des efforts d'unification que requiert à ses yeux la lutte des salariés.

Un tel jugement est en cohérence avec l'annonce que fait le leader cégétiste le 22 novembre 2019 en vue des manifestations qui doivent se dérouler le 5 décembre suivant pour protester contre la réforme des retraites entreprise par le gouvernement d'Édouard Philippe : Marine Le Pen a beau soutenir explicitement la mobilisation, elle n'est pas la bienvenue dans le cortège. La faiblesse du discours que tiennent en l'occurrence les mouvements syndicaux ou politiques de gauche est qu'il se heurte à la réalité d'une présence accrue du vote RN parmi les masses dont ils ont longtemps considéré qu'ils étaient préposés à défendre les intérêts et porter les demandes : les salariés d'exécution et plus généralement les catégories populaires. Philippe Martinez pointe cependant un fait incontestable, l'absence de lien organique entre le FN ou le RN et les grandes organisations de salariés.

Au premier tour de la présidentielle de 2017, selon Harris Interactive, Marine Le Pen ne réalise qu'un modeste 13 % parmi les personnes se disant proches d'une organisation syndicale, soit un point de plus qu'en 2012. Ce chiffre connaît de notables variations selon les affiliations : 7 % parmi les sympathisants de la CFDT, 15 % parmi ceux de la CGT et 24 % parmi ceux de Force ouvrière. Pour simplifier, cette étude menée auprès de 7 000 personnes en sortie des urnes montre le lien privilégié, au niveau de l'électorat, entre Jean-Luc Mélenchon et la CGT, François Fillon et la CGC, Emmanuel Macron et la CFDT – 48 % des sympathisants de celle-ci ont voté pour le candidat d'En Marche dès le premier tour –, Marine Le Pen et FO.

Il s'agit néanmoins dans ce dernier cas d'une proximité plus que relative puisqu'elle n'excède pas un quart des sympathisants de Force ouvrière et qu'elle n'est en rien comparable à la relation organique qu'ont pu avoir la CGT avec le Parti communiste ou bien la CFDT avec le Parti socialiste. Parallèlement, de manière significative et en dépit de l'influence qu'elle exerce parmi les ouvriers et les employés, Marine Le Pen se situe en première position parmi les Français qui se disent proches d'aucun syndicat, avec 25 %, y devançant de deux points Emmanuel Macron et de six François Fillon.

L'explication de ce phénomène est mécanique. Les tentatives initiées dans les années 1980-1990 pour créer des organisations professionnelles affiliées au FN auront fait long feu. Jean-Marie Le Pen puis Marine Le Pen se retrouveront dès lors à devoir s'adresser directement aux salariés. Pour le premier, les messages iront *crescendo* au fur et à mesure qu'il s'éloignera de ses penchants libéraux. Le point d'orgue en sera sa déclaration au soir du 21 avril 2002 destinée « aux petits, aux sans-grade, aux exclus », mais aussi « aux mineurs, aux métallos, aux ouvrières et aux ouvriers de toutes les industries ruinées » ou encore « aux agriculteurs aux retraites de misère ». Marine Le Pen prendra fait et cause pour les mêmes ensuite, sans réussir cependant à normaliser la relation avec le mouvement social : lors de la grande manifestation organisée le 5 décembre 2019 contre la réforme des retraites, le RN se contentera de pratiquer une forme de « soutien sans participation », sinon individuelle, à la grève et à la mobilisation.

Quelles qu'en soient les raisons profondes, qu'il y aille d'une conviction militante ou d'une prudence institutionnelle, l'opposition d'une large part du mouvement syndical à l'égard de la formation lepéniste ne se dément pas. Pour enjamber l'obstacle, cette dernière en vient à se considérer, selon un document du Front national distribué le 1er mai 1996, comme « le syndicat des Français ». La formule laisse songeur. Il reste toutefois que, dans un pays marqué par une profonde et durable faiblesse de la syndicalisation, le RN peut développer un discours social sans besoin qu'il soit validé par une organisation dédiée à la défense des salariés.

Un rapport balistique

Au regard de cette incomplétude, le phénomène des Gilets jaunes a rendu un grand service à Marine Le Pen. Non seulement il a émergé et s'est développé hors de toute initiative des grandes centrales, voire en dépit de leur sourde réprobation, mais il a en outre obtenu un recul majeur du pouvoir qu'a scellé la dramatique allocution d'Emmanuel Macron le 10 décembre 2018. Cette percée est d'autant plus notable que le contraste est violent avec le peu de résultats auquel ont abouti les diverses journées de mobilisation conjointement organisées par plusieurs syndicats au début du quinquennat.

Pour autant, il existe une différence fondamentale entre l'hégémonie passée du PCF en milieu ouvrier et la faveur rencontrée par Marine Le Pen dans les classes populaires. Il s'agissait alors d'une relation pensée, structurée, stabilisée par un appareil syndical, portée par un réseau associatif et appuyée par un tissu de collectivités locales au point que l'on pouvait parler de bureaucratisation de l'ouvriérisme. Ce système a été remplacé par le lien symbolique entre la « France d'en bas » et la figure d'un leader politique. Lien qui, pour être puissant, demeure cependant informel car à peu près dénué de toute traduction organisationnelle.

On peut en dire autant du registre idéologique. Il y avait beaucoup plus de patriotisme dans le mouvement ouvrier traditionnel qu'on ne le pense aujourd'hui, et il y probablement bien davantage de respect du monde du travail dans le courant nationaliste qu'on le croyait jadis. Mais on ne saurait pousser trop loin le rapprochement entre les deux congrès de Tours, celui de 1920 qui vit la naissance du PCF et celui de 2011 qui a présidé à la mue du FN. La distance est grande entre la représentation globale de l'histoire que revendiquait le communisme et la réaction particulière à l'époque dont résulte le lepénisme.

Reste un aspect fondamental, celui de la fonction remplie par un parti politique. Dans une société profondément modifiée depuis près d'un siècle par l'instauration d'un État social en charge d'une redistribution massive des richesses, le vote est investi d'une importance matérielle majeure. Dès lors, malgré les multiples différences que l'on peut trouver entre le parti d'autrefois qui voulait être celui de la Révolution et le parti d'aujourd'hui qui promet d'être celui de la Nation, se profile en filigrane une double continuité qui n'est pas anodine : le privilège électoral parmi les classes populaires d'une part, la stigmatisation par les classes dominantes d'autre part.

Mais là encore, on ne saurait parler de parfaite substitution. À son absence d'ancrage syndical, le Rassemblement national ajoute la faiblesse de son implantation locale. Si les succès du parti lepéniste aux élections municipales s'inscrivent surtout dans des communes populaires – au Nord, bien sûr, avec l'emblématique Hénin-Beaumont, mais aussi au Sud avec la non moins représentative Perpignan – ils sont trop rares pour suggérer une quelconque équivalence avec l'ancien « communisme municipal ».

Le rapport entre le Rassemblement national et les classes populaires est donc en quelque sorte balistique : il passe par-dessus toute structure et est porté par la seule parole médiatique. De plus, et c'est une différence essentielle avec ce qui constituait le vote de classe pour les formations de gauche, il n'est pas assumé en tant que tel. Alors qu'il figurait au cœur de tout projet communiste ou socialiste qui se voulait inspiré par le mouvement ouvrier, il n'a pas une place évidente dans un discours nationaliste.

Des médiations existeraient pourtant, qui tiennent au rapport général des classes populaires à l'idée nationale et, dans le contexte français, à la primauté de l'État. Ce sont elles qu'il s'agit, maintenant, d'examiner.

6

Une victoire culturelle inachevée

L'attachement prioritaire que les classes populaires vouent à l'État national et territorial se déduit de leurs réponses aux enquêtes d'opinion tout comme de leurs degrés d'implication dans les différents scrutins. L'élection présidentielle les mobilise encore fortement : au premier tour de 2017, malgré leur tendance souvent analysée et parfois exagérée à une moindre participation, 71 % des ouvriers et des employés se rendent aux urnes, ce qui les rapproche de la moyenne constatée pour l'ensemble des Français, 77 %. Quand il s'agit de voter sur des abandons de souveraineté au profit de l'Union européenne, les classes populaires participent significativement et répondent négativement. Ainsi, lors du référendum de 2005 portant sur le traité constitutionnel, les travailleurs indépendants votent majoritairement non, ce qui est aussi le cas des deux tiers des employés et des trois quarts des ouvriers cependant que deux cadres supérieurs sur trois choisissent le oui.

Enthousiasmé par ces signes de résilience, le souverainisme lettré ne manque pas d'en appeler aux mânes de figures historiques. Ainsi Jean Jaurès : « À celui qui n'a plus rien, la patrie est son seul bien. » Ou bien Charles Péguy : « Les patries sont toujours défendues par les gueux, livrées par les riches. » Sans oublier Charles de Gaulle, cité par Alain Peyrefitte : « Pour pouvoir continuer à dîner en ville, la bourgeoisie accepterait n'importe quel abaissement de la nation. » Toujours selon le héros du 18 juin : « Le populo a des réflexes sains. Le populo sent où est l'intérêt du pays. » Et pour finir, par le même : « Heureusement, le peuple a la tripe nationale. Le peuple est patriote. Les bourgeois ne le sont plus ; c'est une classe abâtardie. Ils ont poussé à la collaboration il y a vingt ans, à la CED il y a dix ans. »

Certes, mais à côté de ces envolées lyriques il faut aussi considérer que depuis 1945 l'État réalise une formidable redistribution des richesses, ce dont les bénéficiaires nets sont généralement conscients, même si cette perception est plus aiguë chez les contributeurs. Il y a une puissante motivation matérielle dans l'attachement des classes populaires au cadre national, celui de l'État-providence, tandis que ce sentiment, lorsqu'il existe, relève plus de l'inclination idéologique au sein des catégories supérieures, jusqu'à devenir évanescent dans l'univers managérial.

La volonté de défendre l'idée nationale pose immédiatement la question du pouvoir et de sa conquête. Le référendum de 2005 montre de manière éloquente ce que valent les victoires symboliques quand elles ne débouchent pas sur le contrôle de l'exécutif. Dès 2008, à l'initiative de Nicolas Sarkozy, le Parlement réuni en congrès à Versailles annule le vote des Français, ce qui ne comptera pour rien dans leurs réserves grandissantes quant au fonctionnement de la démocratie dans leur pays. Cet événement met en perspective un problème récurrent chez Antonio Gramsci, à savoir l'articulation entre victoire culturelle et victoire politique.

Puisque nous suivons son œuvre pour tenter d'élucider la situation politique contemporaine, arrêtons-nous sur ce point. La postérité pour le moins bigarrée du penseur italien a amplifié jusqu'à l'absurde le thème des victoires culturelles et la présomption de leur efficacité. Aussi attachante que soit la figure de Gramsci et aussi séduisante que soit son analyse, son legs est lesté d'une part empoisonnée dont peinent à se défaire, aussi subtils puissent-ils paraître, ses exégètes de tous bords.

Gramsci se voit ainsi crédité de l'affirmation selon laquelle le pouvoir se prend par les idées et que la bataille culturelle précède voire remplace la bataille politique, laquelle ne serait plus qu'une ratification de la nouvelle idéologie dominante. En d'autres termes, les affaires partisanes deviennent triviales, les rendez-vous électoraux négligeables et les mobilisations populaires anecdotiques puisque l'essentiel se déroule ailleurs. Si les *Cahiers de prison* ont été écrits dans une optique résolument marxiste, donc matérialiste, leur lecture a souvent permis une inversion de perspective confinant au plus pur idéalisme.

Au cours de l'après-guerre, ce fut pain bénit pour les intellectuels qui, se voulant les « compagnons de route » du mouvement communiste, y trouvèrent une justification de leur « rôle historique » : conquérir l'hégémonie dans la société présente avant de la renverser dans la société future. Puisque, contre le capitalisme et selon Gramsci, il s'agissait de livrer une « guerre de position » culturelle plutôt qu'une « guerre de mouvement » révolutionnaire, il était nul besoin de mettre sa propre position sociale en danger, tout au contraire.

Au tournant des années 1970, la référence au théoricien italien se révéla également une aubaine pour le Parti communiste italien qui était alors en pleine normalisation politique. Il en alla de même pour les amis de Jean-Pierre Chevènement rassemblés au sein du CERES qui pouvaient ainsi combiner un marxisme dans l'air du temps avec une affiliation à la très conformiste SFIO. L'extension de la notion d'hégémonie culturelle ne se limita pas à la gauche. Elle fut aussi utilisée par de nombreuses personnalités marquées à droite, voire alors à la droite ultra, qui depuis un demi-siècle exhortaient leur camp à remporter cette bataille des idées.

Les usages de Gramsci auront donc été divers, indépendants des clivages partisans et parfois très éloignés des principes du marxisme dont le théoricien italien se réclamait. Ainsi, le thème du combat culturel comme socle de la victoire politique a fini par s'autonomiser, au risque de se détacher de l'analyse de classe fondamentale dans l'œuvre gramscienne.

La victoire culturelle, un tigre de papier ?

Un récent exemple de la propension à relativiser le combat politique au profit de l'hégémonie culturelle n'est autre que le passionnant géographe et essayiste Christophe Guilluy. Dans son ouvrage publié en 2020 dont le titre est emprunté à George Orwell il annonce qu'est venu le *Temps des gens ordinaires*. Adviendrait sous nos yeux la « rébellion des gens ordinaires » qui rassemblerait aujourd'hui « des catégories qui s'opposaient hier ». Quels individus, quels groupes ? « Des ouvriers, des paysans, des indépendants, des actifs, des chômeurs, des vieux, des jeunes. »

Lesquels seraient sans conscience de classe mais mus par un rejet commun du sort que leur réserveraient les classes dominantes. Ce n'est pas offenser le talent du déchiffreur aiguisé de la France des périphéries que d'éprouver flottante la résistance spontanée qu'il appelle de ses vœux.

Christophe Guilluy diagnostique également une mise en échec du cours libéral imprimé à la société française depuis les années 1980, ce qui peut paraître surprenant au moment où Emmanuel Macron exerce le pouvoir suprême. Mais, derechef, pour lui, « ce n'est pas sur l'échiquier politique que se joue le véritable rapport de force mais sur le plan culturel ». Cependant il note et souligne que lesdits gens ordinaires sont « entrés dans une forme de désobéissance civile pour refuser un modèle qui conduit inexorablement à la disparition des classes populaires ». Il en trouve l'indice dans leur soutien massif à des mouvements venus de la base comme les Gilets jaunes, mais aussi dans leur vote pour « les partis ou candidats les plus éloignés de l'offre néolibérale unique ».

De manière originale et féconde, Guilluy considère que ces électeurs ne sont pas manipulés mais que « ce sont au contraire eux qui instrumentalisent des marionnettes populistes pour se rendre visibles ». Dès lors, il juge que ces « gens ordinaires », ces « petites gens », ces « classes populaires », voire tout simplement « le peuple », ont conquis une « autonomie culturelle », allusion probable aux thèses de l'autonomie ouvrière développées dans les années 1970, notamment en Italie. En outre, à la faveur de la crise sanitaire de la Covid-19, « ils ont saturé l'espace médiatique en troquant leur statut de déplorables pour celui de héros du quotidien ».

L'approche de Guilluy est particulièrement stimulante mais le ton triomphaliste de son essai ne saurait atténuer une difficulté politique majeure. Lorsqu'il évoque les succès électoraux de Donald Trump ou de Boris Johnson, il y voit le signe d'une « inversion du sens de l'histoire », c'est-à-dire une victoire des gens ordinaires sur les classes supérieures. Le point culminant de cette vague populiste consiste naturellement dans le vote du Brexit et dans sa mise en œuvre, la sortie du Royaume-Uni de l'Union européenne. Oui, mais si l'on imagine bien qu'il n'est pas de victoire électorale sans un état propice de l'opinion, on ne voit pas que ce dernier produise des effets concrets sans prise du pouvoir.

Aussi quand Guilluy évoque en France un « bloc populaire majoritaire », sa formule pose-t-elle deux problèmes. D'une part, ce bloc est-il déjà constitué autour d'une solution politique ? D'autre part, cette solution politique est-elle en état de constituer une majorité électorale ? Si ce n'est pas le cas, il peut être agréable de constater une certaine évolution positive dans le vocabulaire ou le discours officiel lorsqu'il s'agit d'évoquer les travailleurs les plus mal payés et autres accrocs à la justice sociale, mais cette modification rhétorique ne change pas grand-chose à la réalité.

Le mouvement des Gilets jaunes illustre point par point ce problème. Certes, la contestation partit des profondeurs du pays et montra une efficacité auparavant inimaginable. Certes, plus de sept Français sur dix la soutinrent y compris lors de ses premières manifestations violentes. Certes, face à cette persévérance, le président de la République dut le 10 décembre 2018 renoncer platement aux mesures fiscales qui avaient suscité cette contestation. Mais le cours de la politique publique en fut-il modifié ?

La survenue de la pandémie de la Covid-19 empêche de répondre de manière certaine, mais le cours de l'année 2019, du lancement de la réforme des retraites à la privatisation de la Française des Jeux en passant par celle, annoncée puis retardée, d'Aéroports de Paris, indique qu'il n'en a rien été. De surcroît, une question bien précise, très importante dans le débat public et largement évoquée par Christophe Guilluy, signale combien une victoire culturelle demeure un tigre de papier lorsqu'elle ne s'accompagne pas d'une prise du pouvoir politique. Et c'est l'immigration.

L'immigration comme révélateur

Toutes les études le montrent : les Français souhaitent l'arrêt de l'immigration et cela depuis des années. En 2015, selon l'IFOP, au moment de la crise migratoire liée notamment au conflit syrien, 63 % d'entre eux jugent que leur « pays compte déjà beaucoup d'étrangers ou de personnes d'origine étrangère et accueillir des immigrés supplémentaires n'est pas possible ». Trois ans plus tard, en 2018, selon OpinionWay, six Français sur dix se disent hostiles à l'accueil du bateau humanitaire l'Aquarius dans le port de Marseille et du débarquement dans la cité phocéenne des migrants embarqués à son bord au large des côtes libyennes. En 2021, selon BVA, 56 % des Français sont opposés à ce que leur pays accueille des réfugiés afghans.

Encore s'agit-il ici de crises médiatisées, avec une certaine confusion entre migrants, réfugiés et demandeurs d'asile. Lorsque l'immigration est testée dans sa globalité, près des deux tiers des Français en rejettent le principe, considèrent qu'elle apporte toutes sortes d'inconvénients à leur pays dans ses effets, et jugent qu'elle doit cesser. En 2020, toujours selon l'IFOP, ils étaient seulement 37 % à considérer l'immigration comme « une chance pour la France » et 32 % à penser que « les pouvoirs publics luttent efficacement contre l'immigration clandestine ». Enfin, en 2021, selon l'institut CSA, 62 % d'entre eux se disaient favorables à un référendum « pour limiter l'immigration ». On ne saurait imaginer demande démocratique plus claire et plus constante.

Qu'est-ce que change l'expression de cette volonté collective ? Aussi peu de chose qu'elle est faiblement partagée par le bloc élitaire. Les sondages le montrent, le souci de l'immigration et de ses conséquences prospère d'abord dans les catégories populaires, bien moins chez les sympathisants de La République en Marche, même si une partie des milieux relativement favorisés et votant à droite rejoint sur le sujet le point de vue des électeurs de Marine Le Pen. Il n'y a donc pas de mandat clair conféré à Emmanuel Macron en ce domaine, ce qui lui vaut d'ailleurs d'être stigmatisé pour sa supposée sévérité à gauche et pour son prétendu laxisme à droite. Il apparaît qu'il est surtout dans la continuité de ses prédécesseurs et dans la conformité à ce que permet ou interdit l'Union européenne.

Toujours est-il que l'immigration se poursuit et s'accroît. En 2020, le directeur général de l'OFII, l'établissement public qui a charge d'en administrer les flux, le préfet Didier Leschi, proche de Jean-Pierre Chevènement et issu de manière plus lointaine de l'extrême gauche, publie *Ce grand dérangement*, ouvrage qui constate la perte de contrôle qu'enregistre l'État dans ce domaine. Au même moment, Patrick Stefanini, fidèle de Jacques Chirac, ayant travaillé avec Alain Juppé et François Fillon avant de se tourner vers Valérie Pécresse, connu et respecté comme un représentant éminent de la droite modérée, publie de son côté *Immigration : ces réalités qu'on nous cache*. L'ancien haut fonctionnaire et membre du Conseil d'État y montre une croissance forte du phénomène, non sans souligner que le nombre de titres de séjour délivrés chaque année par la France a crû de 83 % entre 2000 et 2019. Dans le même laps de temps, le nombre annuel de demandeurs d'asile a été multiplié par trois, cependant que le taux de déboutés effectivement raccompagnés à la frontière est demeuré très bas, entraînant une hausse parallèle du nombre des clandestins, possiblement compris entre 600 000 et 900 000 personnes en 2020.

On pourrait additionner les statistiques à l'envi, il demeure que l'immigration en France augmente continûment et sous toutes ses formes, alors qu'elle est rejetée avec constance et quelles que soient ses modalités par les Français. Or, sur ce point, le combat culturel, ou la bataille des idées, ou tout autre terme que l'on retiendra pour désigner l'idée de lutte intellectuelle, a été depuis longtemps emporté par les tenants d'une gestion plus stricte de l'immigration, voire de son arrêt.

À droite, cette demande fut notamment prise en compte par Nicolas Sarkozy lors de la campagne présidentielle de 2007. Sa base pourtant ne semblait pas disposée à payer le prix politique de la fermeté qu'eût impliquée le fait d'engager un véritable rapport de force avec l'Union européenne, les sympathisants de l'UMP ayant massivement dit oui au référendum sur le traité constitutionnel deux ans plus tôt, en 2005. Une action autrement déterminée de Nicolas Sarkozy eût été de mobiliser, depuis l'Élysée, un appui populaire apte à surmonter l'obstruction créée par une élite sociale indifférente, pour dire le moins, à la question migratoire. L'organisation d'un référendum eût pu en constituer le moyen. En cohérence avec la structure de classes qui était à la source de la conquête sarkozyste, cette option ne fut pas retenue.

L'impuissance étatique s'est ainsi nourrie de la mise à l'écart des catégories exposées aux dégâts de l'immigration au profit de celles qui en sont relativement épargnées, lorsqu'elles n'en tirent pas quelque bénéfice indirect. En d'autres termes, rien ne vaut la conquête du pouvoir si l'on veut voir ses revendications aboutir. La bataille culturelle, la victoire idéologique si l'on veut, facilite la victoire politique, elle ne la remplace pas. Inversement, si le pouvoir en place perd durablement son hégémonie, surgit à l'horizon le risque d'une crise dont l'issue peut être la tentation autoritaire.

Un tel schéma n'est pas si abstrait et l'on peut discuter de l'actuelle situation française en suivant cette logique. Pour ce faire, deux concepts complémentaires gramsciens s'imposent, l'État intégral d'une part, la crise organique d'autre part.

Sur l'État et le consentement

Lorsqu'il arrive à Antonio Gramsci de se référer dans ses écrits à l'État intégral, il entend désigner par ce terme « l'ensemble des activités pratiques et théoriques grâce auxquelles la classe dirigeante non seulement justifie et maintient sa domination, mais aussi contribue à obtenir le consentement actif des gouvernés ». La définition peut paraître vague, mais elle correspond à ce que le langage courant désigne aujourd'hui sous le terme controversé de « système ».

De manière spontanée, chacun conçoit que l'autorité publique ne repose pas exclusivement sur des procédures et des outils. Pour le dire plus simplement, qu'il y a autre chose que d'un côté le suffrage universel, de l'autre l'appareil politico-administratif. Et pour simplifier encore, que le pouvoir doit maintenir un certain niveau d'assentiment au sein de l'opinion publique. Lorsqu'on la précise et la détaille, cette dernière notion inclut non seulement l'opinion « sollicitée » auprès des gens par les sondages, mais aussi l'opinion « mobilisée » des acteurs investis dans les affaires politiques, syndicales ou associatives et au surplus l'opinion « éclairée », par hypothèse, des intellectuels modernes, lesquels englobent la sphère médiatique. Là se jouent la confiance, le consentement et la participation des citoyens. Et leur inverse.

Ainsi, en renvoyant à la notion d'État intégral, Gramsci permet de ne pas se représenter l'État contemporain comme un « château dans le ciel », mais comme un ensemble liant société civile et société politique. Dans son esprit, la première recoupe l'ensemble des institutions qui fabriquent du consentement, telles qu'en son temps l'Église ou l'Université, tandis que la seconde recouvre les structures qui détiennent la force de coercition. Dès lors, dans une formule célèbre, il décrit le pouvoir des classes dominantes comme « l'hégémonie cuirassée de coercition ». Même à son époque, même en plein régime mussolinien, il considère que si la force étatique, celle de l'armée, de la police, de la justice, constitue l'*ultima ratio* du régime, elle ne s'exerce guère. À sa place, les classes supérieures usent de leur pouvoir idéologique ou si l'on préfère de leur hégémonie, laquelle naturalise leur domination sur le reste de la société et forge le consentement sans plus de violence.

Gramsci donne une image saisissante de ce mécanisme lorsqu'il écrit qu'en Europe occidentale, au début du XXe siècle, « l'État était seulement une tranchée avancée, derrière laquelle se trouvait un système puissant de fortifications et de casemates », ces points d'appui couvrant les espaces du culte, de la culture, de la presse, de l'entreprise et autres centres de la vie sociale. Cependant, pour le théoricien italien, ce système défensif ne réussit pas toujours à absorber les chocs et à maintenir son hégémonie sans user de la coercition. En un tel cas, si le recours à la violence ouverte échoue, le fiasco entraîne une révolution, mais cette variante n'arrive pour ainsi dire jamais et n'entre pas dans le champ de nos considérations.

Plus fréquente et plus intéressante est l'occurrence que Gramsci désigne par le terme de « crise organique ». Cette notion ne s'applique pas entièrement, d'ailleurs, à la situation française actuelle. Pourtant, en tant que tel, le concept de crise organique nous informe sur ce qui nous arrive.

Ce que la notion de crise organique dit de la France

En premier lieu, que la crise organique constitue une période potentiellement longue durant laquelle le consentement au système fléchit sans pour autant qu'émerge une solution de remplacement. Tel est le cas lorsqu'un bloc historique dispose d'une cohésion et d'une force suffisantes pour se maintenir au pouvoir mais sans réussir, malgré ses appuis puissants dans la société civile, à conserver une véritable hégémonie. Pour le dire *a minima*, la crise organique survient lorsque l'idéologie dominante ne parvient pas à demeurer ou à devenir l'idéologie majoritaire.

De manière plus extensive, à suivre la description qu'en donne le jeune socioéconomiste Nathan Sperber, chercheur à l'université Fudan de Shanghai, dans un entretien au site en ligne *Le Vent Se Lève*, « une crise organique, qu'il faut bien savoir distinguer d'une crise conjoncturelle, a comme symptôme une crise de l'autorité et une crise de la représentation. Elle survient lorsque les forces politiques établies, c'est-à-dire les organisations politiques de la bourgeoisie, n'arrivent plus à représenter les masses. C'est en de tels moments que les organes de l'État et l'administration semblent flotter au-dessus de la société, parce que les partis politiques perdent leur rôle de médiation entre la société et l'État. » Or, dans l'optique historiquement datée d'Antonio Gramsci, il s'agit nécessairement d'une crise prérévolutionnaire, prélude à un renversement du mode de production et des rapports de classe qui lui sont liés. Et c'est pourquoi Nathan Sperber met justement en garde contre « la tentation de voir des crises organiques un peu partout aujourd'hui ». Un tel renversement n'est effectivement pas à l'ordre du jour.

Cette précaution prise, la notion de crise organique révèle un pan de la situation française. À tout le moins aussi bien que les idées de blocage social, de malaise identitaire ou de pulsion populiste si souvent évoquées. La défiance croissante à l'égard des institutions, l'impopularité chronique des gouvernants, le discrédit grandissant de la parole publique et l'abstention toujours plus massive de l'électorat ne forment pas une humeur passagère ni ne résultent d'un quelconque problème de communication. Ces phénomènes contemporains s'agrègent en quelque chose de durable et de structurel. Nous sommes donc confrontés à une crise du consentement, voire à une crise d'hégémonie, qui nous rapproche du modèle gramscien mais avec un écart significatif qui porte la possibilité d'un bloc populaire.

En effet, pour Gramsci, donc, la crise organique se profile quand le bloc historique au pouvoir perd le contrôle de certaines « fortifications et casemates », par exemple si le monde universitaire ou les principaux médias diffusent une pensée, ou ce qui en tient lieu, contraire aux valeurs et aux intérêts de la classe dominante. L'exemple de la France contemporaine ne s'inscrit pas vraiment dans ce schéma. La victoire du « non » en 2005 ou le soutien massif au mouvement des Gilets jaunes à son début se sont faits contre la parole médiatique, surtout dans le premier cas. Sur des sujets aussi cruciaux que la construction européenne ou bien l'immigration le discours lénifiant des élites a laissé place à d'autres opinions, mais celles-ci ont longtemps été très isolées dans l'univers de la parole légitime. L'audience d'Éric Zemmour, en tant que chroniqueur, tient d'ailleurs pour beaucoup à sa posture réfractaire à ce qu'il dénonce être la *doxa*. Enfin, en dépit de l'offensive *woke* qui se propage parmi les enseignants et les étudiants, rien ne paraît plus étranger au sens commun des classes populaires que cette idéologie et il semble bien qu'elles y résistent sans trop de peine.

En retour, le souci de contrôler l'information circulant sur internet que manifeste l'exécutif ne tient pas qu'à des motifs avouables, comme la volonté d'empêcher des provocations ou des dérapages susceptibles de heurter la loi, la morale ou la convivialité. Il découle aussi d'une réticence infuse à ce que se développe la parole horizontale qui s'y exprime. Ce constat est d'une certaine portée politique puisqu'il montre l'émancipation de la base de la société à l'égard de l'idéologie professée en son sommet. Comme le souligne à raison Christophe Guilluy, les gens ordinaires ont pour beaucoup fait sécession, ce que corroborent les sondages relatifs à la confiance accordée à toute parole officielle. D'aucuns y voient la marque du « complotisme », concept incertain et souvent entaché d'objectifs politiques.

Dans ce contexte, l'expression si fréquemment invoquée de « populisme » prend un sens bien différent de l'intention dépréciatrice que lui confèrent nombre de ceux qui l'emploient. Elle induit qu'en dépit de la pleine maîtrise par les élites de l'appareil idéologique de la société, il s'est produit, pour reprendre une formule de Gramsci, une révolution du sens commun. Ce que la gauche a jugé intolérable. D'une part, cet événement s'est accompli sans son concours alors qu'elle se considère comme la pourvoyeuse naturelle en intellectuels, là encore au sens gramscien du terme, compte tenu de son implantation dans le monde de l'éducation. D'autre part, ce même bouleversement s'est établi contre ses idées ou plutôt à l'encontre du corpus controuvé qui en subsiste après toute une suite d'abandons théoriques. Enfin, pour disqualifier cette révolution culturelle qui lui a échappé, la gauche se plaît à croire qu'il y va d'un machiavélique plan de la droite et, pour faire bonne mesure, de l'extrême droite.

Cette vision rate l'essentiel. Un phénomène idéologique s'est réellement produit au sein des classes populaires. Il leur a permis, après qu'elles se sont émancipées des schémas imposés par les élites de gauche comme de droite, d'opérer un choix, de se doter de leur propre expression politique ou bien de se retirer du jeu politique. Pour autant, la victoire culturelle qu'invoquent certains observateurs demeure inachevée. En ceci qu'elle ne débouche pas, pour l'heure, sur un projet alternatif qui pourrait transformer la défiance en mobilisation.

Le berceau d'un nouveau bloc historique

Cet écueil interroge à nouveau la possibilité qu'émerge un bloc populaire pleinement constitué. Pour examiner les ultimes conditions d'une telle éventualité, il convient de lire *Gramsci et le bloc historique*, le remarquable ouvrage qu'Hugues Portelli publia en 1972. Ancien sénateur UMP du Val d'Oise, ce professeur de l'université Panthéon-Assas fut dans sa jeunesse membre du CERES de Jean-Pierre Chevènement et, dans ce cadre, devint l'un des premiers exégètes français de l'œuvre du théoricien italien. Et surtout l'un des plus pénétrants.

À propos de la notion qui nous importe, Hugues Portelli pose clairement la question : « Le problème de la création d'un nouveau bloc historique est donc, en fait, celui de la création d'un nouveau système hégémonique, mais aussi de l'éclatement d'une crise organique du bloc historique qui devrait aboutir favorablement aux nouvelles forces sociales ». Autrement dit, s'impose « la création d'un système hégémonique groupant les classes subalternes : car si la crise est "spontanée" et les classes subalternes non organisées, la classe dominante reprendra la situation en main et la vieille société subsistera au moins provisoirement ». De quoi Gramsci lui-même tire sa fameuse formule : « La crise consiste justement dans le fait que le vieux meurt et que le neuf ne peut apparaître. »

Y sommes-nous ? Depuis 2017, depuis que le bloc élitaire incarné par Emmanuel Macron a pris le pouvoir, c'est-à-dire depuis que les élites françaises ont décidé de l'exercer en leur nom propre, la France connaît-elle une crise organique, au moins dans un sens restrictif, c'est-à-dire sans perspective de modification profonde de la société capitaliste ? Et si tel est le cas, la situation présente ne se distingue-t-elle pas profondément des phénomènes d'opinion habituels et l'échéance de 2022 comme le quinquennat qui suivra n'apparaissent-ils pas sous un jour nouveau ?

L'idée que crise organique il y a peut à nouveau être illustrée par les journées de l'hiver 2018 au cours desquelles les Gilets jaunes s'engagèrent dans un processus insurrectionnel – comment désigner autrement les émeutes et, plus encore, les contrôles opérés spontanément sur les ronds-points ? – sans que l'opinion publique ne leur retire un soutien alors très majoritaire. Durant ce court moment, ces quelques semaines de vive tension de la base jusqu'au sommet du pouvoir sans qu'aucune force politique ne vînt ou ne pût s'interposer, l'impression régna d'une rupture franche entre le bloc élitaire d'un côté et les classes populaires rejointes par une large part du reste de la société de l'autre côté. L'absence de consentement fut alors compensée par un recours ostentatoire à la coercition et à des formes de répression peut-être adaptées mais en tout cas inédites en France depuis des décennies.

Toutefois, et les élections européennes de 2019 l'ont nettement indiqué, le phénomène des Gilets jaunes n'a en rien fragmenté la base sociale du bloc élitaire, elle l'a même consolidée par le ralliement d'une bonne partie de la bourgeoisie restée jusque-là fidèle à la droite. De ce point de vue, la dialectique du conflit a été plutôt bénéfique au pouvoir d'Emmanuel Macron. Elle a cependant encore davantage affaibli les solutions politiques qui reposent prioritairement sur les classes moyennes, c'est-à-dire la gauche et la droite. Une telle crise ouverte ne s'est pas reproduite d'autant plus que la pandémie de la

Covid-19 a longuement suspendu les réformes et gelé la vie politique. Pourtant, le feu continue de couver comme l'ont montré les mobilisations inédites de l'été 2021 à propos de la vaccination rendue impérative et du pass sanitaire décrété obligatoire.

Cette dernière mobilisation présente pour intérêt que si son objet n'est pas directement lié à la situation sociale des individus, ce facteur n'en a pas moins marqué de son empreinte, voire structuré l'empathie à l'égard de ce singulier mouvement. Bien qu'à la fin de l'été 2021, seul un tiers des Français exprime soutien ou sympathie pour les manifestations anti-pass, soit deux fois moins que lors des premières mobilisations de Gilets jaunes, on retrouve des constantes. La première est l'attitude des retraités qui derechef se tiennent à l'écart ou plutôt apportent massivement leur appui à l'exécutif. Étant les plus menacés par le virus, ils sont aussi les bénéficiaires les plus immédiats des efforts considérables demandés à l'ensemble de la société. Une deuxième constante s'avère être l'horizontalité de la mobilisation et l'absence d'encadrement syndical ou politique, soit la marque par excellence de la contestation en ce quinquennat. Une nouvelle fois, ce mouvement semble surgir de la base du pays en mobilisant avant tout des symboles patriotiques. Comme à l'accoutumée, c'est parmi les électeurs de Marine Le Pen et de Jean-Luc Mélenchon que les contestataires sont le moins dépréciés. Différence notable néanmoins, il semble que les manifestations des « anti-pass » soient bien plus interclassistes que les mobilisations des Gilets jaunes et qu'elles profitent d'un renfort venu des classes moyennes, fonctionnaires et indépendants prospères. Mais les sondages montrent que l'empathie demeure plus large qu'ailleurs parmi les travailleurs pauvres du secteur privés, salariés, chômeurs ou personnes à leur compte.

Si ce mouvement revêt indéniablement un caractère minoritaire, il témoigne à sa façon, à partir de revendications qu'il ne nous appartient pas de juger sur le fond, du surgissement régulier d'une forme d'insubordination à la base de la société ainsi que de l'autonomisation grandissante des classes populaires face à la parole de l'élite et même des élites, quelles qu'elles soient. Ce phénomène témoigne, à suivre la théorie gramscienne, d'un environnement favorable à l'émergence d'un nouveau bloc historique, perspective combattue d'informelles mais multiples et efficaces manières par le bloc élitaire.

7

La consolidation du bloc élitaire

Revenons à 2017. Bousculant le jeu systématique d'une inoffensive alternance, l'installation du bloc élitaire correspond à une période intense au plan politique et social. La force du macronisme est d'apporter aux problèmes des élites une solution d'une grande cohérence tant au niveau sociologique qu'idéologique. En conséquence, l'attraction que subissent la gauche et la droite au début du quinquennat va bien au-delà du phénomène classique de débauchage par une équipe nouvellement investie. Une partie du personnel politique du Parti socialiste et du parti Les Républicains ne sait pas s'il doit s'opposer à l'exécutif, cependant qu'une partie significative de leurs sympathisants, entre le quart et la moitié selon les périodes, lui accordent leur confiance. En contrepartie, le style même du macronisme signe son essence sociale et motive une détestation à l'égard du chef de l'État que le détail de sa politique ne suffit pas à expliquer. La première moitié du quinquennat est ainsi marquée par une tension extraordinaire qui traverse la société française et dont les épisodes les plus violents ne sont qu'une des expressions.

Cette situation a pu être décrite à l'été 2019 comme une spirale antagonique, une « montée aux extrêmes », mettant progressivement en place face au Bloc élitaire des obstacles de plus en plus solides. Pourtant, à l'orée de la campagne présidentielle de 2022, ce mouvement dialectique a laissé place à une relative stabilité, donnant à l'exécutif une grande marge de manœuvre pour mener à bas bruit son projet de transformation de la France. La cause peut en être recherchée dans les contradictions traversant les forces sociales et politiques adverses mais aussi, de manière plus immédiate, dans un événement exogène, la pandémie de la Covid-19.

Un choc de dépolitisation

De la même façon qu'une guerre peut bouleverser les dynamiques sociales d'un pays, la pandémie de la Covid-19 va modifier le cours du quinquennat. La France bascule d'abord dans une forme de sidération, mélange de peur et d'incompréhension, avec comme première traduction politique, dès le 15 mars 2020, l'énorme abstention lors du premier tour des municipales : elle s'établit à 55 %. Un pilier de la démocratie française vacille, ce que confirme le second tour tenu deux mois et demi plus tard avec cette fois 58 % des inscrits qui ne se déplacent pas.

Entretemps, soumis au confinement total qui court sur le printemps, les Français éprouvent une situation aussi inédite qu'aberrante. À cette occasion, les caisses publiques se mettent à fonctionner hors de toute logique apparente. Alors qu'en avril 2018, à Rouen, devant les caméras de télévision, le président de la République déclarait à une soignante du CHU qu'il n'y a pas « d'argent magique », tout à coup des dizaines de milliards d'euros sont déversés à hue et à dia par l'État. Selon l'INSEE, du 17 mars au 11 mai 2020, l'activité économique recule de 25 % par rapport à la normale. Pourtant, sur la même période, tous les retraités reçoivent leur pension, tous les fonctionnaires leur traitement, beaucoup de salariés leur salaire à peu près inentamé tandis que les travailleurs indépendants et les chefs d'entreprise bénéficient d'un prêt garanti par l'État et, souvent, d'une aide financière directe sans contrepartie. La diminution limitée des revenus et la forte baisse de la consommation entraînent une hausse de l'épargne estimée à 52 %. Tout à coup, le même pouvoir qui entendait mettre le pays en mouvement, y compris sous la pression de réformes impopulaires, protège l'immobilité des Français par un recours massif à la dépense publique.

Derrière l'écran des polémiques afférentes à la gestion de la crise sanitaire, l'image de l'exécutif se redresse. En juin, 38 % des Français se disent satisfaits du président de la République et 50 % du Premier ministre. Dans le même temps la réforme des retraites et celle de l'assurance-chômage sont suspendues. La logique socialement conflictuelle du macronisme n'opère plus. En retour, on observe un phénomène de dépolitisation massif dont témoignera en 2021 le taux exceptionnel d'abstention aux élections régionales et départementales, les deux tiers des inscrits n'allant pas voter. Lors de ce dernier scrutin, la France Insoumise, le Rassemblement national et La République en Marche sont balayés, cependant que, forts de leurs réseaux locaux d'élus sortants, la gauche comme la droite voient leurs positions de 2015 inentamées.

La dispersion des classes moyennes

Le processus de cristallisation des oppositions est donc interrompu, voire inversé puisque les courants traditionnels reprennent de la vigueur, à tout le moins au niveau local. Au lieu d'un duopole LREM-RN mettant en scène un affrontement de classes d'un grand purisme, comme lors des élections européennes, l'heure est à la dispersion du vote sur des listes peu différenciées dans leur projet et faisant la part belle aux classes moyennes. Les scores des écologistes peuvent d'ailleurs être analysés comme une tentative d'autonomisation d'une fraction d'entre elles.

La liste que conduit Yannick Jadot aux élections européennes et qui recueille près de 13 % des suffrages exprimés présente un profil significatif à cet égard. Marginale chez les retraités où elle ne dépasse pas les 6 %, elle prospère parmi les membres de « professions intermédiaires », 21 %, ainsi que chez les cadres supérieurs, 20 %, catégories qui comportent aussi de nombreux fonctionnaires, notamment des enseignants. Elle obtient le meilleur résultat chez les salariés du secteur public après celle du Rassemblement national, laquelle s'adresse davantage au petit personnel.

Relativement jeune et diplômé, l'électorat écologiste se distingue nettement de celui de La République en Marche lorsqu'on examine leurs rapports respectifs à l'argent. Comme le Parti socialiste dans les années 1970, Europe-Écologie-Les Verts est avant tout l'expression politique des « fractions dominées des classes dominantes » comme on disait alors ou des « bobos » comme l'on dit aujourd'hui. L'ancienne appellation étant sans doute plus véridique mais trop restrictive, il vaudrait mieux parler de classes moyennes diplômées. À partir d'une même analyse de classe, le philosophe Jean-Claude Michéa les décrit comme étant dans « une situation sociologiquement et psychologiquement contradictoire », refusant toute « transformation socialiste de la société » et acquis, bien plus que les classes populaires ou la petite bourgeoisie traditionnelle, au libéralisme culturel, ce qui fonde leur mépris pour « les gens ordinaires ».

Ce trait permet d'illustrer leur rôle dans la nouvelle configuration de la vie sociale française. Il place en effet les électeurs écologistes dans une situation singulière à l'égard du bloc élitaire. Sauf dans quelques villes-centres, ce que les élections municipales de 2020 confirment à Grenoble et montrent à Marseille, Bordeaux ou Lyon au bénéfice d'une abstention exceptionnelle, l'écologie politique ne parvient pas à prendre la direction de coalitions victorieuses. De la même manière, les classes moyennes diplômées ne réussissent plus à constituer un quelconque bloc historique autour d'elles alors que dans les années 1970 elles étaient parvenues à constituer un front de classes qu'elles avaient mené à la victoire en 1981. Sur plusieurs dossiers importants du quinquennat, les sympathisants écologistes brillent par leur prudence, mais les sondages montrent leur engouement constant pour la cause des migrants à rebours de la grande majorité de la population.

Bien davantage que la France insoumise, EELV a opté pour un gauchisme culturel qui la prive de toute audience dans les catégories populaires comme parmi les retraités et qui rend très incertaine toute constitution d'une formule potentiellement majoritaire. Dans ces conditions, et comme cela a été le cas en 2017, cette mouvance se place dans une position vulnérable par rapport aux séductions du bloc élitaire. Ce qui vaut pour une partie de ses électeurs comme de ses cadres.

Plus généralement les forces se réclamant de la gauche apparaissent toujours plus centrées sur leur noyau dur qui correspond au monde universitaire et éducatif. Elles en épousent les positions, aussi minoritaires soient-elles, sur les sujets qui lui sont chers, aussi périphériques soient-ils. Elles en défendent les intérêts avec une soif inextinguible de dépense publique, particulièrement quand il s'agit du salaire des enseignants. Leurs positions politiques sont en permanence affaiblies par le caractère composite de leur base, ni élitaire ni populaire. Par suite, certains grands débats sont généralement oblitérés par la gauche, notamment celui qui porte sur la question essentielle de l'Europe et de la nation.

On peut établir un parallélisme entre gauche et droite sur ces différents points. Centrée non pas sur les enseignants mais sur les retraités aisés, la droite qui s'est maintenue a connu elle aussi un resserrement de sa base. On sait par les études d'opinion que l'identification spontanée à la droite n'est plus le cas que d'un quart des Français, au lieu d'un cinquième pour la gauche. Il est vrai que lorsque l'on demande à des sondés de se positionner sur un axe gradué entre la gauche et la droite, sans échappatoire possible, leurs réponses indiquent une tendance au renforcement de cette dernière. L'idée d'une droitisation du pays qu'on en retire mérite d'être nuancée, voire contestée, par l'affaiblissement du signifiant qui se trouve privé de son meilleur ennemi, la gauche.

Dans le discours public, cette opposition traditionnelle ne se remet pas de la grande difficulté à positionner sur cet axe le pouvoir en place. La tentation existe pourtant de convoquer une « union des droites » en attelant une partie des classes populaires à une fraction de l'élite au nom du patriotisme – de manière plus directe, au nom d'un combat identitaire contre l'immigration. Une telle construction discursive n'est pas nécessairement vouée à l'échec mais elle suppose un compromis social. Sauf à considérer que la crainte de l'islam et le refus de l'immigration constituent un enjeu suffisant de vote pour la plupart des Français.

Pour la gauche et la droite conservées, toutes deux ébranlées par la pression conjointe d'une force élitaire et d'une force populaire, se superposent des difficultés politiques, idéologiques et sociologiques qui rendent problématique, surtout pour la première, une solution électorale majoritaire. Il existe donc un contraste radical entre, d'une part la dispersion du vote des classes moyennes et leur incapacité à forger une formule politique rassembleuse et, d'autre part, l'efficience du bloc élitaire.

Un bloc élitaire constant dans son projet

Si un bloc historique n'est pas une alliance de partis ou une coalition électorale, il n'est pas non plus seulement un agrégat de classes sociales. Entre la forme politique qu'il peut prendre et sa base sociologique, il lui faut un projet fondamental. Pour le bloc élitaire rassemblé par Camillo Cavour à l'entour de 1860 lors du Risorgimento, il s'agissait selon Gramsci de faire accéder l'Italie au stade national du capitalisme en donnant à la bourgeoisie industrielle du Piémont un espace et un marché à la hauteur de ses ambitions. Pour le bloc élitaire formé autour d'Emmanuel Macron, l'objectif est d'amarrer définitivement la France à l'Union européenne et d'aboutir à une réforme radicale de son modèle social.

Dans le premier cas, le processus de transformation passait par la construction d'un État national élargi hors des frontières étroites du Piémont. Dans le second, il s'agit d'intégrer un État existant dans un cadre post-national. Pour effectuer cette tâche historique, Camillo Cavour, en sa qualité de président du Conseil, pouvait s'appuyer sur une bourgeoisie mobilisée, une armée constituée et des alliés révolutionnaires décidés. Emmanuel Macron dispose, lui, d'une troupe efficace, l'élite managériale. Elle se trouve naturellement à la tête des grandes entreprises privées mais aussi à l'intérieur même de l'État, terme pris ici dans son acception banale. Peu à peu, ces deux univers convergent dans leurs valeurs comme dans la formation dispensée à leurs dirigeants. C'est pourquoi l'on peut parler d'une révolution managériale de l'État.

Le lien entre le macronisme et l'univers managérial est une évidence perçue comme telle par la population ainsi que le corroborent régulièrement les sondages. Toutes les données objectives disponibles le confirment, de la liste des donateurs de la campagne jusqu'à l'origine sociologique des candidats présentés par La République en Marche. Un fait rapporté par le journaliste Maurice Midena souligne son caractère organique, non sans montrer au passage que les recrues des meilleures écoles de management françaises sont loin d'être dépolitisées.

En 2017, juste avant le premier tour de l'élection présidentielle, les élèves de HEC, l'ESSEC, l'ESCP, l'EDHEC, l'EM Lyon, AUDIENCIA et GEM participent massivement à un vote de paille entre les onze candidats. Le résultat n'est pas réellement surprenant mais significatif. Emmanuel Macron frôle la majorité absolue avec 49 % des bulletins, François Fillon le suit d'assez loin avec 27 %, Jean-Luc Mélenchon à la traîne parvient à 12 %. Alors qu'elle va obtenir près de 22 % des suffrages exprimés dans l'ensemble de la population, seuls 1,83 % des 4 575 prétendants managers qui se sont prêtés à l'exercice choisissent Marine Le Pen.

La future élite de l'entreprise privée repousse la candidate préférée des catégories populaires dans les franges les plus marginales de son choix politique. Ce n'est pas le même monde en apparence, mais les uns dirigeront pourtant les autres. La fusion du politique et du social qui caractérise comme jamais sans doute en France le pouvoir du bloc élitaire se lit dans ces chiffres. Les futurs chefs d'entreprise n'ont aucun doute sur celui qui doit être le chef de l'État. Un vote de classe à l'état pur s'exprime ici qui n'aura ensuite de cesse d'être nié par les intéressés.

Pareillement, même si les managers n'en ont pas pour la plupart conscience, leur existence sociale se déploie dans un cadre producteur de valeurs différentes de celles de la démocratie. De manière logique, l'entreprise privée est régie par le principe de subordination des salariés, quel que soit leur niveau hiérarchique. Précisément, on y trouve une différenciation des individus sans rapport avec l'égalité politique des citoyens. Les discours sur la « démocratie d'entreprise » sonnent le plus souvent comme un oxymore. Bien que tempérée par le droit social, la réussite même de l'entreprise repose sur une forme de darwinisme qui garde et favorise en son sein les mieux adaptés tout en tendant à pousser les autres vers cette petite mort sociale qu'est le chômage. Même encadré par des procédures, le système de gestion des individus dans l'entreprise prend appui sur les relations interpersonnelles lors des embauches, des promotions et des licenciements. Tout cela relève, dans le cadre de l'entreprise capitaliste, du plus rationnel des fonctionnements.

Il n'y a pas, de ce point de vue, d'équivalence avec le monde de l'administration publique dont le cadre est différent dans les objectifs comme dans les modalités. Néanmoins, l'exception étatique est désormais attaquée. Elle l'est selon une logique et au nom de sa mise en conformité symbolique avec l'univers managérial, matrice du bloc élitaire.

Quand l'État est intégré à l'ordre élitaire

Le 8 avril 2021, à l'occasion de la bien nommée Convention managériale de l'État, le président de la République présente les grandes lignes d'une réforme dont un aspect est la suppression, certes plus formelle que réelle, de l'Ena qui sera remplacée, annonce-t-il, par un Institut du service public. Cet acte s'inscrit dans un mouvement plus large dont Pierre Birnbaum a pressenti, quelques mois après l'accession d'Emmanuel Macron à l'Élysée, les risques pour l'État républicain dont il est l'historien et le sociologue.

Dès septembre 2017, l'éminent professeur de la Sorbonne rappelle que dans son principe, « l'État à la française est cette institution différenciée, produit d'une histoire particulière, à l'écart des intérêts économiques, des manipulations partisanes ou des solidarités ethniques, en lequel peuvent se reconnaître tous les citoyens ». Il souligne aussi que « c'est encore un appareil administratif maître du recrutement méritocratique et universaliste de ses agents acquis au seul service général ». Un tel État, ainsi défini, et contrairement à une approche simpliste, n'est pas réductible à une domination sociale ou au reflet d'un rapport de forces entre les classes d'une société. Il développe son propre appareil et sa propre idéologie et acquiert une certaine autonomie par rapport à la société dont il émane. En ce sens, il peut devenir une gêne pour les groupes sociaux dominants.

Or, à l'orée du quinquennat d'Emmanuel Macron et un an avant le phénomène des Gilets jaunes, le savant et pondéré Pierre Birnbaum s'inquiète :

« Assiste-t-on à une quasi-osmose entre des élites dont le dénominateur commun serait l'appartenance au monde des affaires ? Ce serait la fin de l'État à la française, une rupture majeure propice, en réaction, à l'explosion de tous les discours populistes. » De fait, le bloc élitaire n'aura de cesse de vouloir réduire l'autonomie de l'État.

Cette transformation est multiforme mais l'on peut en retenir deux modalités emblématiques. Tout d'abord la formation de l'élite administrative est modifiée et il s'agit de la rapprocher sans cesse davantage de celle qui prévaut dans les grandes écoles de commerce. Même si la réforme de l'Ena est souvent relativisée dans son contenu, la dimension symbolique qu'elle revêt signale une volonté politique. Le 26 mai 2021, dans les colonnes du *Point*, Frédéric Thiriez, le rédacteur du rapport préalable, la justifie en des termes qui fleurent bon le discours managérial : « La production de normes, qui était l'ADN de l'administrateur dans un État centralisé, doit céder la place à un exercice autrement plus délicat, la conduite du changement dans un environnement complexe. Cela suppose de passer d'une culture de l'unilatéral à une culture de la négociation et du compromis, de savoir renoncer aux certitudes acquises pour laisser place à l'innovation, à la créativité et à la prise de risque. » Ce sabir ne dit pas grand-chose en apparence, mais est d'une grande profondeur en réalité. Derrière lui se joue la destitution du rôle dévolu à l'État constitutif de la nation française. S'il n'est plus qu'un agent facilitateur du changement, c'est qu'il renonce à en être l'initiateur.

Ces propos s'inscrivent pleinement dans le discours et la littérature macroniste sur le sujet. Ils procèdent d'une entreprise de désacralisation qui touche à l'univers symbolique de la nation comme de la démocratie. Quelques jours après la célébration du bicentenaire de la mort de Napoléon, l'annonce par Jean Castex de la suppression du corps préfectoral constitue une autre étape importante dans la déconstruction de l'État à la française. Désormais, la fonction de préfet sera mise à l'encan. Il s'agira d'un emploi ouvert à des compétences extérieures. Les critiques pleuvent, certes. Elles portent pour l'essentiel sur l'accentuation du caractère discrétionnaire des nominations sans que leurs auteurs mesurent toujours la déstabilisation de l'image de l'État qu'induit un tel changement. Dans le registre du symbolique, l'ordre du marché empiète de nouveau sur celui du politique. La révolution managériale se poursuit.

Ces deux réformes ne correspondent en rien à une demande de l'opinion. Elles ne sont pas davantage la conséquence d'une fronde interne ou bien d'une crise particulière. Il convient d'y voir, en pleine gestion de la pandémie, le développement d'une pensée stratégique du chef de l'État. Comme il l'avait annoncé dès 2016, lors du lancement de sa campagne, il se consacre à une « transformation qualitative » du pays.

Une privatisation polymorphe

Depuis le début de son quinquennat, il est fait à Emmanuel Macron un procès dont il n'est pas ici question de juger la pertinence mais de constater qu'il corrode son image. Lorsque les Gilets jaunes entonnent la Marseillaise et brandissent des drapeaux tricolores, ils expriment le préjugé répandu dans leurs rangs et par-delà d'un pouvoir détaché de la nation. Un point de vue auquel font écho de multiples publications, qu'elles viennent du monde universitaire ou de l'univers politique.

En 2021, à droite, le député LR Olivier Marleix, président de la Commission d'enquête sur les décisions de l'État en matière de politique industrielle, avec une attention particulière pour les dossiers Alstom, Alcatel et STX, publie un livre intitulé tout bonnement *Les Liquidateurs*. L'ouvrage est sous-titré « Ce que le macronisme inflige à la France » et la quatrième de couverture porte en accroche : « Depuis quarante ans, une élite veut liquider la France. Depuis 2017, cette élite est au pouvoir. » Olivier Marleix y dénonce, de manière documentée, la liquidation de la souveraineté nationale et la logique de désindustrialisation concertée ainsi que l'appétence pour l'argent au détriment de l'intérêt général. À gauche l'ancien député et ministre PS Arnaud Montebourg écrit à peu près la même chose dans *L'Engagement*, à propos d'Alstom aussi, dont il raconte « la vente à la découpe aux Américains par une poignée de dirigeants » mais également le « roman noir » des hauts fourneaux de Florange abandonnés à leur sort en dépit de toutes les promesses faites. Celui qui détint un temps le portefeuille de l'Industrie évoque au cours de sa chronique désabusée un monde de faux-semblants où, au cœur même de l'État, l'on ne sait plus vraiment pour qui l'on travaille.

Ce malaise est décrit et commenté depuis des années, mais il l'est avec une insistance particulière depuis le début du quinquennat d'Emmanuel Macron. L'idée générale des ouvrages qui en traitent, de *L'État détricoté* à *Fake state* en passant par *Prédations*, est l'interpénétration de l'État et du monde des affaires au profit de ce dernier. Pour le grand public, le recours à des sociétés de conseil privées par une administration aux effectifs considérés comme pléthoriques constitue, lorsqu'il en a connaissance, un motif d'incompréhension. Fortement médiatisé, le rôle que l'Élysée a attribué en 2021 au cabinet McKinsey dans la campagne nationale de vaccination n'a pas manqué de choquer. Pourtant cette pratique pose moins de questions politiques que les allers-retours entre le secteur privé et le secteur public qu'elle favorise.

Pierre Birnbaum rappelle à ce propos que l'une des caractéristiques fondamentales de « l'État fort à la française » consiste en « la dissociation des élites », contrairement à leur fusion qui serait typique de « l'État faible » prévalant aux États-Unis. Il constate qu'aux cours des dernières années, à l'inverse de ladite tradition, on assiste à « un rapprochement entre secteurs, une nouvelle circulation des élites » dont témoigne le « parcours public-privé-public » d'Emmanuel Macron comme du secrétaire général de l'Élysée, Alexis Kohler. L'historien y voit la source possible du tournant « ayant autorisé la mise en œuvre d'une politique économique libérale animée paradoxalement par l'appareil d'État lui-même ». De manière consistante, il met en cause « le pantouflage fréquent d'énarques qui rejoignent les cabinets d'affaires et constituent un groupe d'"avocats d'État" en prolongeant du côté du privé leur expertise en politique publique, en étroit contact avec leurs collègues demeurés au service de l'État ». De quoi douter que cette hybridation puisse se faire autrement qu'aux dépens de l'État et au profit d'intérêts privés, c'est-à-dire, même si tel n'est pas le vocabulaire de Pierre Birnbaum, du capital.

Il s'agit, dans tous les cas, de rendre privé ce qui était public et marchand ce qui ne l'était pas. Sous le joli mot de progressisme, l'extension du domaine du profit se continue dans un cadre post-national paré des couleurs européennes. On peut ainsi procéder, depuis son cœur même, à la dépossession de la nation. À sa privatisation en milieu ouvert.

Ce processus se déroule hors de tout vrai débat. Le sujet est pourtant politiquement crucial à l'heure où les Français se préoccupent toujours davantage de la désindustrialisation du pays. Le cas le plus emblématique concerne l'industrie d'armement, puisqu'il leur faut admettre que leurs militaires sont désormais dotés de fusils d'assaut allemands, le HK 416 F, à la place du FAMAS, et de pistolets semi-automatiques autrichiens, le Glock 17-5. Pour une vieille nation qui a connu tant de champs de bataille, être privée de la production de ses propres moyens de défense constitue, toute dimension économique et tout enjeu de souveraineté mis à part, une véritable blessure symbolique.

Pris à sa dynamique transformatrice, le bloc élitaire ne peut, ni ne veut éviter cet affront. Fruit de l'élite managériale, son projet dépasse le cadre national, comme l'indique l'évocation dans laquelle il se complaît de la double souveraineté qu'il lit dans la Constitution. Celle prévue par l'article 3 – « la souveraineté nationale appartient au peuple qui l'exerce par ses représentants et par la voie du référendum. Aucune section du peuple ni aucun individu ne peut s'en attribuer l'exercice » – et celle suggérée à la fin de l'article 5 – le président de la République « assure et est le garant de l'indépendance nationale, de l'intégrité du territoire *et du respect des traités* ». Le bloc élitaire est à son aise avec cette supposée seconde souveraineté qu'il interprète comme un levier propice au développement mondial du capital, justification ultime de la *start-up nation.*

À l'inverse, la première souveraineté, au fondement incontestable, constitue le champ privilégié d'un bloc populaire en voie de gestation, c'est-à-dire d'une transformation du vote des catégories populaires et de leur contestation de l'hégémonie culturelle en une formule de conquête du pouvoir subvertissant à leur profit la représentation commune de l'intérêt général.

Épilogue

UN INDÉCIS BLOC POPULAIRE

La rencontre de la souffrance sociale et de la douleur patriotique a souvent occasionné des événements politiques majeurs et, plus précisément, des épisodes révolutionnaires. Le consentement à l'État et la confiance dans les élites ne résistent pas au sentiment d'un abandon face à un péril extérieur. Dans la France contemporaine, ce que l'on appelle le populisme se nourrit directement d'un refus du Janus bifrons de la mondialisation – immigration et désindustrialisation – doublé d'une protestation contre le laxisme supposé des gouvernants.

À ceci s'additionne un imaginaire supposant l'idée que les classes laborieuses sont assiégées aussi bien par des élites prédatrices que par des inactifs délinquants. Soit dans les deux cas des individus qui ne jouent pas le jeu social ou le détournent à leur profit exclusif. Le philosophe Jean-Claude Michéa traduit ce sentiment populaire en termes évocateurs : « Le lumpen (ou caillera) n'est rien d'autre que l'aristocratie financière des bas-fonds de la société libérale, ou si l'on préfère la version cagoulée des traders de Wall Street. » C'était aussi l'appréhension des Gilets jaunes qui, sur les Champs-Élysées, à l'hiver 2018, se défiaient tout autant des bandes venues en soirée pour piller les boutiques que de la répression policière.

La situation des classes populaires est donc ambivalente. D'un côté, elles sont dans la pire des configurations puisqu'elles doivent en quelque sorte se battre sur deux fronts. D'un autre, elles sont dans la meilleure des positions puisqu'elles peuvent incarner, au-delà de la défense de leurs intérêts particuliers, celle du pays tout entier.

Quelle est cependant la possibilité de la transformation des classes populaires, d'un vote populaire, voire d'une certaine hégémonie culturelle populaire, en un bloc populaire ? Cette question revient *in fine* à celle de la potentielle accession au pouvoir d'une équipe politique qui aurait constitué une offre répondant aux attentes de ces catégories et qui en aurait fait sa conception de l'intérêt général – question qui est en fait celle de l'idéologie.

Antonio Gramsci offre une fois de plus ici un éclairage précieux. Il définit et explicite une notion que l'on peut juger adaptée à l'état actuel des forces sociales en France comme à la nature des enjeux auxquels la plupart des Français sont exposés et qu'ils évoquent dans leur motivation électorale.

On la trouve dans une des parties de ses *Cahiers de prison* consacrée à la littérature.

À l'inverse de la Russie avec Dostoïevski ou de la France avec Victor Hugo ou Eugène Sue, l'Italie, selon le théoricien marxiste, n'a pas réussi à se constituer un fond d'œuvres à la fois nationales et populaires. À partir de ce constat, Gramsci explore une vision particulière du populisme qui ne serait pas la négation de la division de la société en classes, mais plutôt le recours au sentiment national par les travailleurs humbles, en son temps les ouvriers et les paysans, pour parvenir à identifier leur émancipation sociale avec l'intérêt général.

Le jeu actuel est cependant ambivalent. Si l'urgence patriotique peut être un adjuvant pour des classes populaires déstabilisées par la mondialisation sous toutes ses formes, elle contient aussi le risque d'un détournement de leurs attentes matérielles. Ici se révèle le déséquilibre entre le bloc élitaire, naturellement coordonné par la structure même de la société, et un bloc populaire qui demeure à l'état de potentialité. La principale force du second est d'être une réponse adaptée au projet de marchandisation généralisée que porte le capitalisme et dont les élites s'accommodent. Sa principale faiblesse est son absence d'expression politique autonome, ce que Gramsci sur le modèle de Machiavel appelle le Prince moderne.

En 1995 avec Jacques Chirac, en 2007 avec Nicolas Sarkozy, en 2012 avec François Hollande, les classes populaires, contraintes de déléguer la défense de leurs intérêts et de leurs valeurs, ont permis la victoire d'un candidat s'adressant directement à elles. En aucune manière ces victoires par procuration n'ont modifié un cours des choses qui précarise leur avenir. Depuis, avec l'exercice sans partage du pouvoir par le bloc élitaire, les classes populaires ont pris une nouvelle conscience d'elles-mêmes. La question qui demeure est de savoir si l'élection présidentielle de 2022 porte une possibilité d'alternance qui marquerait aussi pour elles, et pour la première fois depuis 1981, leur retour sur la scène politique.

À l'issue de cette enquête menée avec les instruments de navigation forgés au fond de sa geôle par Antonio Gramsci, il y a près d'un siècle, les éléments constitutifs d'un bloc populaire sont aisément discernables. Ce bloc dispose d'une large base sociale qui, à travers les crises et les déceptions, s'est autonomisée dans les rues et dans les urnes. Son idéologie demeure cependant plus claire dans ses refus que dans ses vœux. En retour, parmi les projets en dispute sur le champ électoral, l'articulation du thème national et des intérêts de classe demeure inachevée. Face à un bloc élitaire qui est son parfait inverse, le temps est court pour que s'affirme une forme politique du bloc populaire.

Bibliographie

Sur Gramsci

Hugues PORTELLI, *Gramsci et le bloc historique*, PUF, 1972.

Georges LABICA et Gérard BENSUSSAN, *Dictionnaire critique du marxisme*, PUF, 1982, voir particulièrement l'article « Ouvriers ».

George HOARE et Nathan SPERBER, *Introduction à Antonio Gramsci*, La Découverte, 2013.

Antonio GRAMSCI, *Guerre de mouvement et guerre de position*, textes choisis et présentés par Razmig Keucheyan, La Fabrique, 2011.

Sur les classes populaires

Serge BOSC, *Stratification et classes sociales*, Nathan, 2001.

Yasmine SIBLOT, Marie CARTIER, Isabelle COUTANT, Olivier MASCLET, Nicolas RENAHY, *Sociologie des classes populaires contemporaines,* Armand Colin, 2015.

Olivier SCHWARTZ, *Peut-on parler des classes populaires ?* https://laviedesidees.fr/Peut-on-parler-des-classes populaires.

Denis MAILLARD, *Indispensables mais invisibles ?* L'Aube, 2021.

Xavier Vigna, *Histoire des ouvriers en France au XXe siècle*, Perrin, 2012.

Sur le vote de classe

Florent Gougou, *Comprendre les mutations du vote des ouvriers : vote de classe, transformation des clivages et changement électoral en France et en Allemagne depuis 1945*, École doctorale de Sciences Po, thèse soutenue en 2018 – consultable sur https://halshs.archives-ouvertes.fr/tel-01701077/document

Julian Mischi, *Le Communisme désarmé*, Agone, 2014.

Gérard Mauger, Willy Pelletier (coord.), *Les Classes populaires et le FN*, Éditions du Croquant, 2016.

Pascal Perrineau, « Front national : un nouveau vote de classe ? », dans *La Démocratie de l'entre-soi*, sous la direction de Pascal Perrineau et Luc Rouban – Presses de la FNSP – 2017.

Pascal Perrineau, « Marine Le Pen au premier tour : la puissance d'une dynamique, l'échec d'une ambition », dans *Le Vote disruptif*, sous la direction de Pascal Perrineau, Presses de la FNSP, 2017.

Patrick Lehingue, *Le Vote*, La Découverte, 2011.

Amory Gethin, Clara Martínez-Toledano, Thomas Picketty, *Clivages politiques et inégalités sociales*, EHESS, Gallimard, éditions du Seuil, 2021.

Pierre Rosanvallon, *Les Épreuves de la vie*, éditions du Seuil, 2021.

Olivier FERRAND, Bruno JEAMBART, *Gauche, quelle majorité électorale pour 2012 ?*, note de la Fondation Terra Nova, mai 2011.

Sur les mutations françaises

Jean-Claude MICHÉA, « Orwell, la gauche et la double pensée », postface à *Orwell anarchiste tory*, Climats, 2020.

Jérôme FOURQUET, *L'Archipel français*, Le Seuil, 2019.

Christophe GUILLUY, *Le temps des gens ordinaires*, Flammarion, 2020.

Bruno AMABLE, Stefano PALOMBARINI, *L'Illusion du bloc bourgeois*, Raisons d'agir, 2018.

Sur l'immigration

Didier LESCHI, *Le Grand dérangement*, Galllimard, 2020.

Patrick STEFANINI, *Immigration*, Robert Laffont, 2020.

Sur l'État

Pierre BIRNBAUM, *Où va l'État ?*, éditions du Seuil, 2018.

Olivier MARLEIX, *Les Liquidateurs*, Robert Laffont, 2021.

Laurent MAUDUIT, *Prédation*, La Découverte, 2020.

Maurice MIDENA, *Entrez rêveurs, sortez manageurs*, La Découverte, 2021.

Frédéric FARAH, *Fake State*, H&O, 2020.

Table des matières

Composition : Nord Compo
Achevé d'imprimer : octobre 2021
par Corlet Imprimeur
N° d'imprimeur : 21090281
Dépôt légal : octobre 2021